中沼了三伝

――幕末から明治維新を駆けた先覚者の生涯

中沼郁 著
中沼了三先生顕彰会 編
題字 砂原秀遍
真言宗総本山教王護国寺（東寺）長者

ハーベスト出版

中沼《なかぬま》了三《りょうぞう》肖像《しょうぞう》画《が》（森山素光画　昭和20年頃　隠岐郷土館蔵）

松江市宍道町出身の日本画家森山素光（1897－1986）の作で、『錦之御旗』（保勲会編　東陽堂1907）所載の画を参考に描かれた。鳥羽・伏見の戦いで参謀として参加する際の様子を描いており、了三は征討大将軍を務める仁和寺宮から拝領した陣羽織を着て、浅見絅斎が愛用した「赤心報国」と書かれた太刀を携えている。

第八図「仁和寺宮御里坊軍議」

慶応四年（一九六八）一月三日夕刻、復飾し議定、軍事総督となった仁和寺宮嘉彰親王は、この日旧幕府兵と薩摩藩兵の間で始まった戦闘を受け、出陣前の軍議を行った。中央から時計回りに議定の宇和島藩主伊達宗城、福井藩主松平春嶽、前土佐藩主山内容堂、参与の土佐藩士後藤象二郎等と共に、軍事参謀の参与中沼了三、仁和寺諸大夫矢守対馬守平好、薩摩藩士高崎正風である。了三は、仁和寺宮御下賜の錦の陣羽織を身につけている。

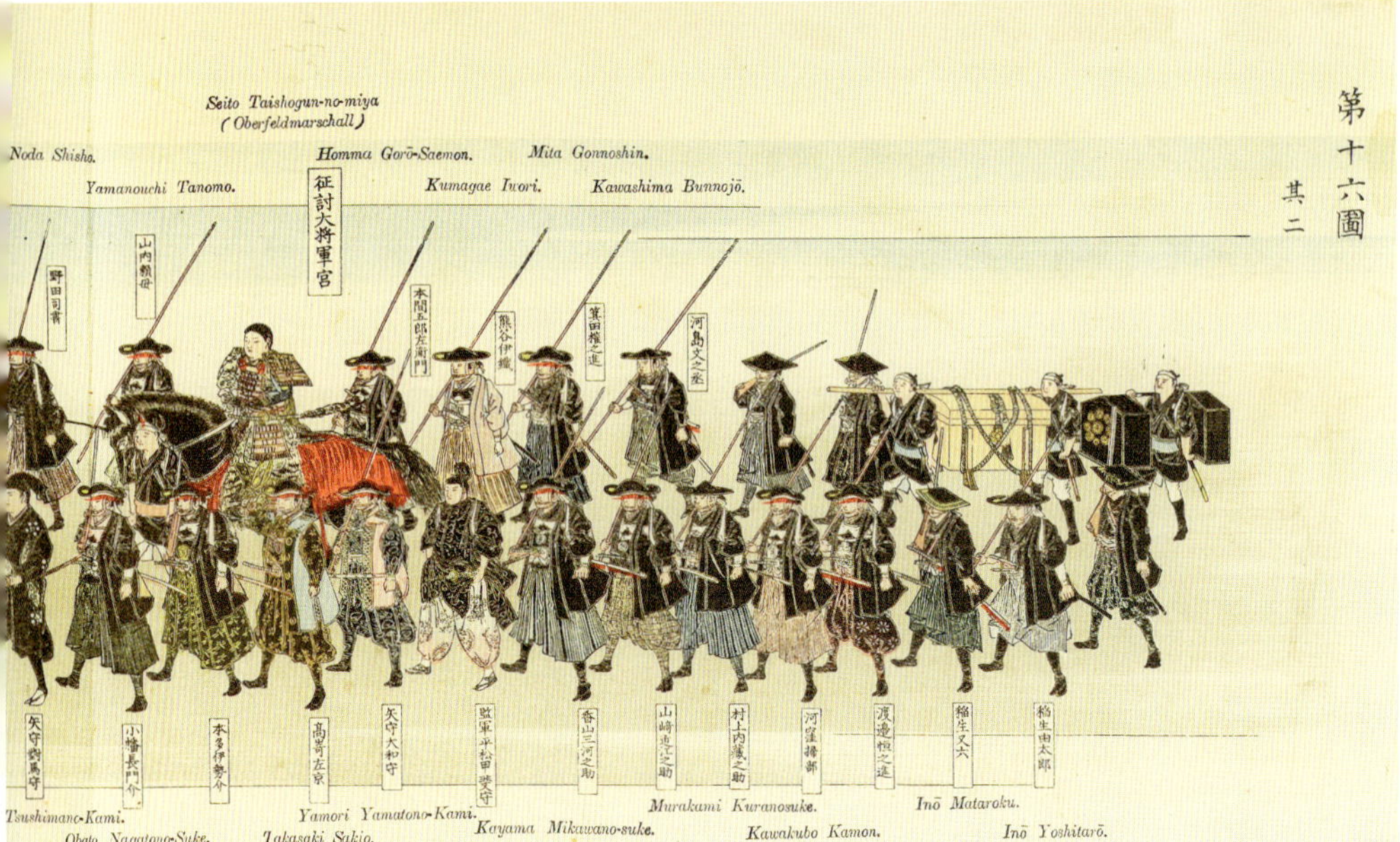

『錦之御旗』（保勲会編　東陽堂発行　明治40年（1907）隠岐の島町図書館蔵）（次頁も）

鳥羽・伏見の戦いの様子を描いた宮中献上品の絵に着色したものを掲載し、日本語とドイツ語で解説している。校閲は、征討大将軍仁和寺宮嘉彰親王のもとで軍事参謀を務めた東久世通禧、高崎正風ら。軍事参謀として従軍する中沼了三、その息子忠雄（清蔵）、璉三郎が随所に描かれている。

第十六図其二「征討大将軍御出陣」

一月四日午前、征討大将軍となった仁和寺宮は、御所の西の宜秋門より錦の御旗を先頭に広島藩兵と薩摩藩兵の護衛のもと出陣した。中沼了三とその息子忠雄（清蔵）も宮を間近で護衛し行軍した。（隊列手前前方）

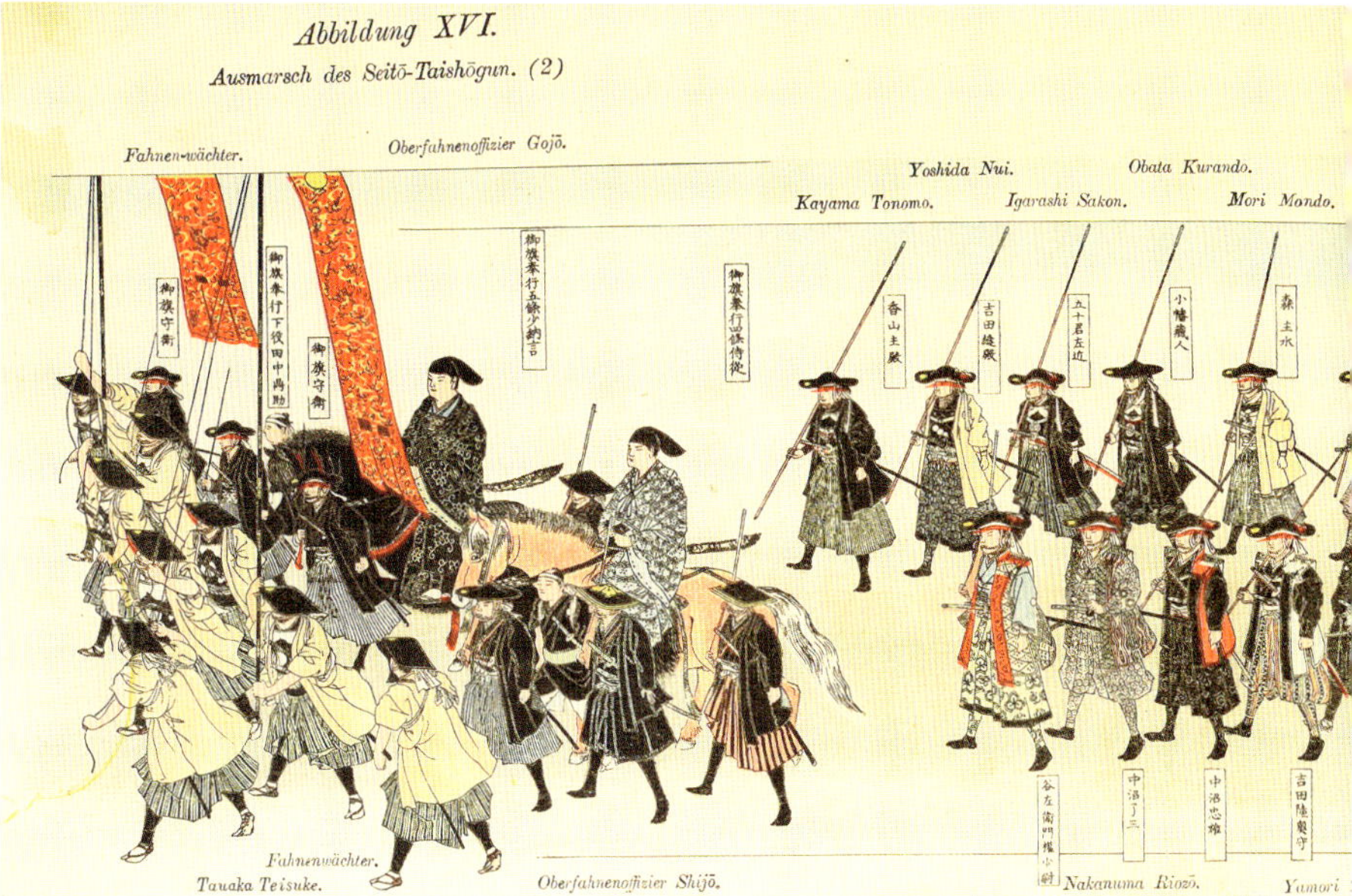

第十八図「東寺御本陣軍議」
一月四日午前に御所を出陣した仁和寺宮は、洛中最南端の東寺に到着し本陣を置いた。仁和寺宮は、軍事参謀らを集め翌日から錦の御旗を前面に掲げて軍を進めるための軍議を行った。下手中央に中沼了三、左端に中沼忠雄（清蔵）。

第二十九図「中沼了三靖献遺言ヲ淀城ニ講ス」
一月七日午前、仁和寺宮は、東寺を出発し、新政府側についた淀城に入城した。中沼了三は、宮の命により勤王の書である浅見絅斎の『靖献遺言』から諸葛亮（孔明）の「出師表」を講義し、この戦の大義名分を説いた。

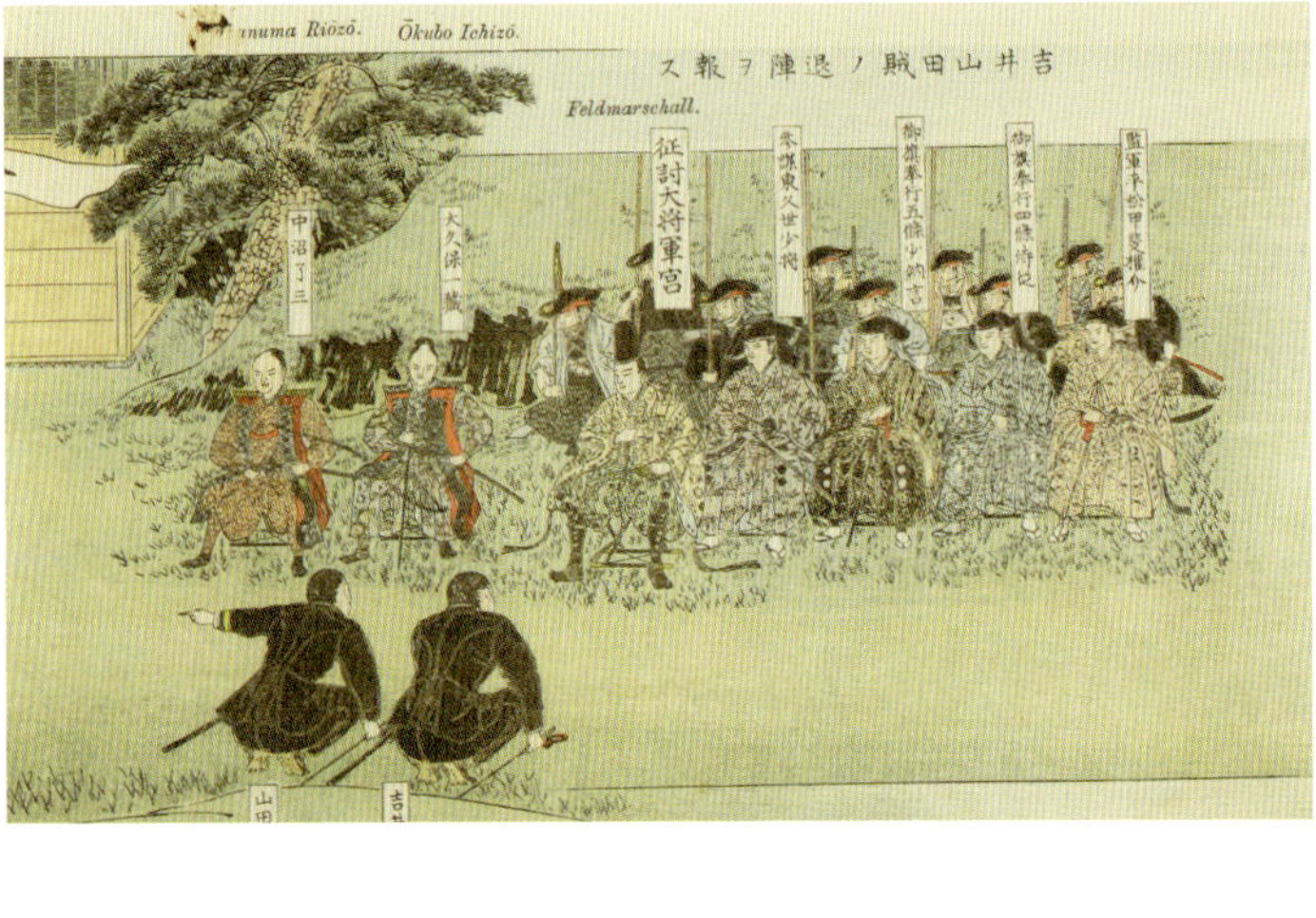

第三十二図「吉井山田賊ノ退陣ヲ報ス」
一月八日午後、仁和寺宮は、淀の南方の楠葉へ進み大久保一蔵（利通）、中沼了三らを従え陣を張る。薩摩藩の吉井幸輔友實と長州藩の山田市之丞顕義により徳川慶喜が大坂城を出て海路江戸へ退去したことが報告される。山田は、この後東北方面の戦線に軍艦丁卯らを率い日本海を航海途上、隠岐島後の西郷湾に入り、五月十日に正義党から陣屋を奪還していた松江藩兵を隠岐から退去させる。

孝明天皇《こうめいてんのう》御《ご》下《か》賜《し》碗《わん》・孝明天皇《こうめいてんのう》御《ご》下《か》賜《し》皿《さら》（幕末頃　隠岐の島町図書館蔵）
　中沼了三が孝明天皇（明治天皇の父）より与えられた品である。了三は、学習院講師、孝明天皇の侍講を務めるなど朝廷から重用された。碗、皿ともに菊の御紋と花鳥があしらわれている。

山階宮《やましなのみや》御《ご》下《か》賜《し》硯《すずり》（幕末～明治頃　隠岐の島町図書館蔵）
　中沼了三が山階宮晃親王より与えられた硯である。山階宮はもと僧位にあったが、文久４年（1864）に復飾して山階宮を創設し、孝明天皇のもとで国事にあたった。明治維新後は議定、外国事務総督など新政府の要職を務めた。この硯には、瓜の実と葉が彫刻されており、実の部分の木蓋を開くと硯が現れる。

紙本墨書《しほんぼくしょ》 中沼《なかぬま》 了《りょう》 三《ぞう》筆跡《ひっせき》（隠岐の島町図書館蔵）

軽千乗之国　重一言之信　　　中沼之舜書
（印文：率由舊章　中沼之舜　魯仲）

「千乗の国を軽しとして、一言の信を重しとする」
（『史記』陳・杞世家より）

楚国の荘王は、「陳国の王霊公を殺害した逆賊の夏徴舒を討つ」と陳の人々に言って戦争をしたが、そのまま陳を滅ぼして領有してしまった。楚の家臣の申叔時が故事を例にしてその行為をいさめると、荘王は亡くなった霊公の太子の午を迎えて陳を返還した。このような春秋時代の歴史を記した史書を読んで、孔子は言った。「楚の荘王はなんと賢いことか。大きな国を領有することより、たった一つの言葉の信を大切にするとは」と。

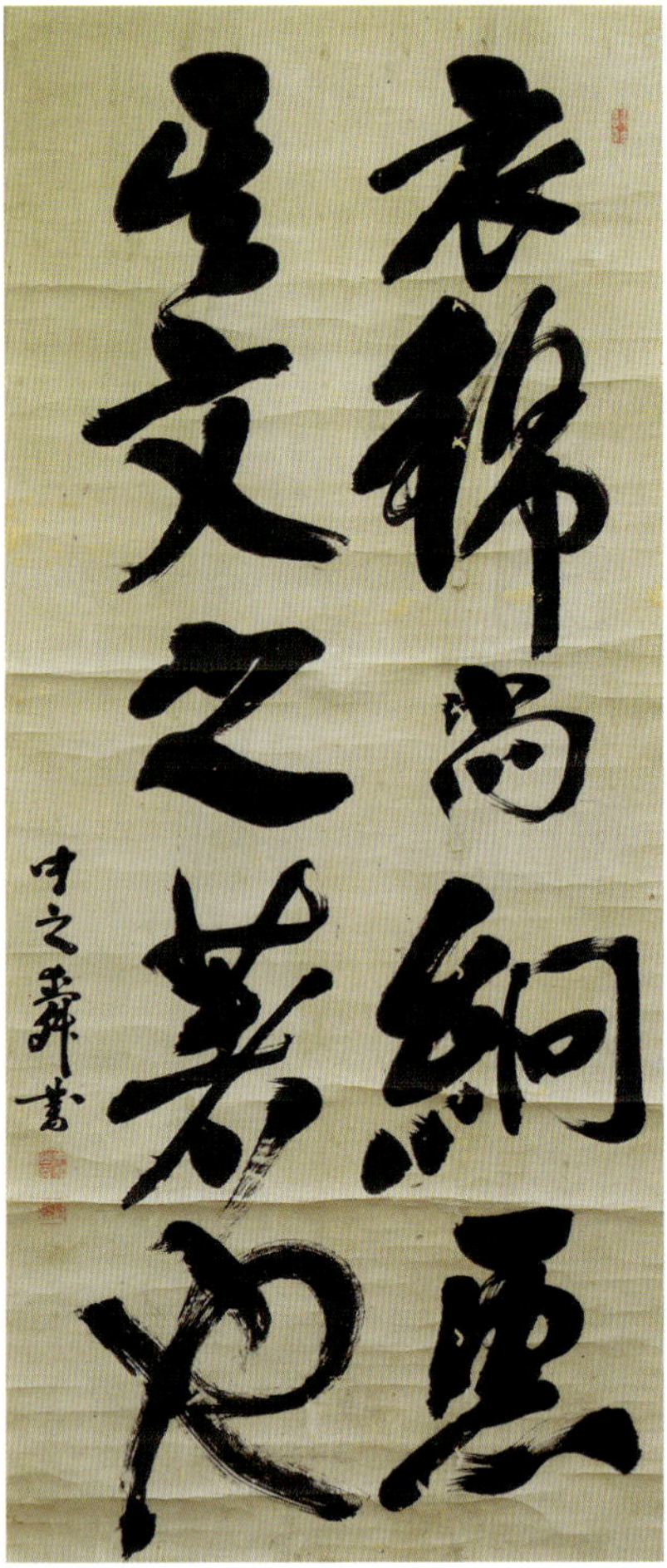

紙本墨書《しほんぼくしょ》 中沼《なかぬま》 了《りょう》 三《ぞう》筆跡《ひっせき》（隠岐の島町図書館蔵）

衣錦尚絅悪　其文之著也　　　中之舜書
（印文：率由舊章　中沼之舜　魯仲）

「錦《にしき》を衣《き》て絅《けい》を尚《くわ》うと、その文の著《あら》わるるを悪《にく》むなり」（『中庸』より）

『詩経』に「錦の衣を着てその上から薄い絹のうちかけをかける」とあるのは、錦の模様がきらびやかに外に出るのを嫌ったものである。君子の道は人目を引かなくても日に日に真価が現れてくるものだが、つまらない者の道ははっきり人目を引くが日に日に消え失せてしまうものである。

「之舜」は中沼了三の名、「魯仲」は字《あざな》である。引首印の「率由舊章」（「舊章《きゅうしょう》に率《したが》い由《よ》る」（古の聖王の法典に従うこと））は、『詩経』及び『孟子』の「不愆不忘、率由舊章」から引いた言葉である。

安楽寺内の中沼了三と妻くらの墓

「中沼葵園先生墓」「葵園先生室佐藤氏墓」

勤王の志厚い当時の安楽寺住職により境内に墓地が提供され、門人、浄土寺村民により葬られた。

中沼了三先生顕彰碑（隠岐の島町中村）

昭和51年に中沼了三先生顕彰会により了三の生家跡に建立された。

中沼了三の墓所　安楽寺（京都市左京区）

中沼了三先生頌徳碑

（十津川村十津川高校、平成６年建立）

慶応元年（1865）文武館は折立村平山に移転
（写真は大正期の平山校舎）

元治元年（1864）文武館創設。松雲寺跡の創設地記念碑
（十津川村折立）

現在の十津川高校

十津川高校の生徒等が中沼了三の生誕地隠岐を訪問

隠岐の中沼了三先生顕彰会により十津川高校の敷地に植樹された桜

中沼了三伝

——幕末から明治維新を駆けた先覚者の生涯

本書は、中沼了三先生顕彰会より刊行された『隠岐の生んだ明治維新の先覚者　中沼了三伝』（一九七六年（昭和五十一年）五月一日初版、一九七七年（昭和五十二年）九月十日改訂版発行）を、中沼了三先生生誕二〇〇年にあたり復刻発行するものです。復刻にあたり年号、氏名など明らかな間違いは修正しました。復刻部分は第二部として、第一部、第三部には新たな原稿を加えました。

はじめに

平成二十八年、幕末から明治維新にかけて活躍された「中沼了三《なかぬまりょうぞう》先生」の生誕二百年・没後百二十年の記念の年にあたり、『中沼了三伝』（中沼郁《かおる》著）を復刻出版することになりました。

今回の復刻にあたり、題字を隠岐の島町の名誉町民で先生と同郷中村《なかむら》出身の京都東寺砂原《すなはら》秀遍《しゅうへん》長者様に揮毫《きごう》頂き、巻頭エッセイで『島燃ゆ　隠岐《おき》騒動』（光文社刊）の著者である松本侑子《ゆうこ》様に花を添えて頂きました。

内容については、中沼郁氏の『中沼了三伝』の復刻と、新しく隠岐の牧尾実《みのる》氏に「『中沼了三伝』概論」を、十津川の松實豊繁《まつみとよしげ》氏に「中沼了三先生と十津川《とつかわ》」を執筆頂き、巻頭には先生ゆかりの写真を掲載いたしました。ご協力頂きました皆様に衷心より厚くお礼を申し上げます。

先生の出生地に立つ顕彰碑に刻まれた「中沼了三先生」の六文字は、私どもにとって誇りとなっています。二百年前と同じ地で、同じ日輪の下、同じ空気の中、月を仰ぎ、海の青さを感じ、生かされています。碑の背後には断崖がそびえ、傍には大銀杏《いちょう》や梛《なぎ》の巨木が伸び、先生も汲まれた湧水、先生も眺められた泉が残されている半農半医の生家跡があります。

先生は京に上られ、崎門に見出だされ、朱子学も修め、変革の時代に貢献されました。純粋さが故に政変と権力の狭間で悲喜こもごもの生涯を歩まれたことと思われます。

近年になって、先生が十津川郷に創立された文武館《ぶんぶかん》（現奈良県立十津川高等学校）の縁で十津川村との交流が盛んになりました。十津川村の方々の先生に対する熱い熱い思いに私どもの心は揺り動かされます。

明治維新や隠岐騒動等の歴史に時の移り変わりを感じながら、私どもは顕彰会設立の意義を引き継ぎ、先生の功績を讃えたいと思います。

平成二十八年十一月吉日

中沼了三先生顕彰会

会長　田中和實

平成二十八年版の校訂について

一、この度、平成二十八年の『中沼了三伝―幕末から明治を駆けた先覚者の生涯』の出版に際して、その第二部『隠岐の生んだ明治維新の先覚者　中沼了三』（中沼郁著）の復刻部分については、次の方針に基づいて校訂・校正を行った。

二、この『隠岐の生んだ明治維新の先覚者　中沼了三』（中沼郁著）の部分は、これまで次のように版が重ねられている。

⑴『郷土の偉人　中沼了三傳―隠岐の生んだ明治維新の先覚者―』中沼郁　島根青年新聞社　昭和四十年（一九六五）

⑵『明治天皇侍講　中沼了三傳―隠岐の生んだ明治維新の先覚者―』中沼郁　中沼了三先生顕彰会　昭和五十一年（一九七六）

⑶『隠岐の生んだ明治維新の先覚者　中沼了三　付隠岐騒動』中沼郁　中沼了三先生顕彰会　昭和五十二年（一九七七）

⑷『もう一つの明治維新―中沼了三と隠岐騒動』中沼郁・斎藤公子　創風社　平成三年（一九九一）

このうち「第一編　明治維新の先覚者　中沼了三」の全部および「第二編　隠岐騒動」の一部

三、今回の復刻は、昭和五十二年の⑶『隠岐の生んだ明治維新の先覚者　中沼了三　付隠岐騒動』を底本とした。しかしながら、著者中沼郁の一連の著作としては、最も新しい平成三年の⑷『もう一つの明治維新―中沼了三と隠岐騒動―』をもって最終的に完成しているため、この平成三年の⑷『もう一つの明治維新―中沼了三と隠岐騒動―』の該当部分を底本と校合した。

よって、中沼郁が⑷『もう一つの明治維新―中沼了三と隠岐騒動―』において、⑶『隠岐の生んだ明治維新の先覚者　中沼了三　付隠岐騒動』に加え新たに盛り込んでいる研究成果、解釈等は、今回の復刻では反映されていないため、この点を考慮してお読みいただきたい。

また、底本の⑶『隠岐の生んだ明治維新の先覚者　中沼了三　付隠岐騒動』をなるべく忠実に復刻したが、古い史料をもとにしていることや中沼郁氏が執筆された時期から相当の時間がたっていることから、現在においてはこれらの点を考慮してお読みいただきたい。

四、底本の⑶『隠岐の生んだ明治維新の先覚者　中沼了三　付隠岐騒動』の体裁を改めたのは、主として次の諸点である。

1　明らかな誤植と思われるものは校訂者の判断で改め、脱字の箇所はこれを補った。

2　旧字体、旧仮名遣いについては、中沼郁の使用基準を基本的に踏襲し、訂正箇所においてもそれに従い使用した。

3　人名のうち、号、名、字または改名等で複数の呼び方がある人名、人名と官位等との組み合わせ方などについては、基本的に中沼郁の表現のままとした。
4　必要に応じて句読点や括弧等の符号を追加・修正し、読みやすくした。
5　難しい語句に読み仮名を振り、読みやすくした。
6　本文中の地名、市町村名等は、基本的に底本のまとした。市町村合併等により現在では名称が変更になっている場合もあるが、これを考慮してお読みいただきたい。
　中沼了三、中沼郁の生誕地である中村は、昭和三十五年（一九六〇）に西郷町と合併し「西郷町」となった。西郷町、布施村、五箇村、都万村は、平成十六年（二〇〇四）に合併し「隠岐の島町」となった。
7　史料の引用部分については、中沼郁による「改訂版について」では、「資料の原文は意訳（読み下し）してのせました」とあるが、（ア）意訳した部分、（イ）読み下した部分、（ウ）史料を忠実に引用した部分とが本文中では明確に示されておらず、読者に誤解を与えることが考えられる。よって、本文中で示されている引用の表示はそのままに、示されていない引用部分には、（ア）は「（意訳）」、（イ）は「（読み下し）」と引用箇所の後に示し、いずれの引用表示もない引用部分は（ウ）の史料をそのまま引用した部分である。
　（ウ）の史料の引用部分については、全てではないが可能な限り原典と校合し、最低限の誤字等を訂正した。旧字体、旧仮名遣いについても前項目のとおり中沼郁の使用基準を基本的に踏襲し、訂正箇所においてもそれに従い使用した。引用した史料のうち古い時代のものは、句読点の使用方法が現在とは異なるものがあるが、史料的価値を尊重し、史料そのままの使用方法で引用した。
　『明治天皇紀』の引用箇所など一部の引用箇所については、中沼郁による「読者に読みやすい」記載方法をとっていることから、これを尊重しつつ史料との校合を行った。
五、著者の中沼郁は、平成十五年（二〇〇三）に逝去されており、今回の復刻にあたっては著者本人による校訂・校正を行うことができないため、校訂及び校正を藤原時造（隠岐の島町役場総務課企画幹）、校正を佐々木正人（隠岐の島町図書館長）、松實豊繁（十津川高等学校・文武館同窓会会長）が行った。

平成二十八年十一月

中沼了三先生顕彰会

目次

第五章

第六章

第七章

巻頭エッセイ

日本を代表する儒学者、中沼了三

松本　侑子《ゆうこ》

日本を代表する儒学者、中沼了三

私は歴史小説『島燃ゆ　隠岐《おき》騒動』（光文社文庫）で、了三の生涯と思想、十津川との関わり、隠岐騒動で果たした役割、栄光とその後の衰退を、了三への敬慕と慰霊の念を込めて描いた。それは本書『中沼了三伝』を読んで、了三の人徳に魅了されたからだ。私の思いは拙作に書き尽くしたので、本稿では了三に関する戦前の資料、儒学と尊王攘夷、二卿事件などについて書かせて頂こうと思う。

了三に関する戦前の資料から

「隠岐騒動」を拙作で小説化するにあたり、国立国会図書館と島根県立図書館で了三に関する書籍と雑誌記事を読んだ。古い文献では、明治四十二年に修補版が出た『殉難録稿』（宮内庁）が興味深い。これは維新回天に死した勤王憂国の志士を顕彰する大著で、土佐藩の中岡道正（慎太郎）の項に了三が出てくる。慎太郎が了三塾に入った時の逸話が面白く、拙作に採り入れた。

『京都維新史蹟』（昭和三年）には、孝明・明治天皇、天誅組、新撰組、龍馬、慎太郎などのゆかりの地と共に、仁和寺宮《にんなじのみや》ゆかりの中沼了三旧邸があり、都で了三の名声が高かったことを伺わせる。

『島根儒林《じゅりん》伝』（昭和十五年）は、了三の生涯が詳しい。隠岐での誕生、家系、上京、鈴木遺音《いおん》門下、学習院教授、十津川郷士《ごうし》への指導、政府参与、鳥羽伏見陣中での『靖献《せいけん》遺言《いげん》』の進講、儒学の系譜、仁和寺宮との関わり、明治天皇侍講、昌平学校教授、冤罪、湖南学舎、久邇宮《くにのみや》親王との知遇、広島大本営、逝去、死後の顕彰、という項目で書かれている。著者は、漢学者の谷口廻瀾《たにぐちかいらん》だ。谷口は、明治十三年生まれ、松江藩の支藩、広瀬藩の儒学者・山村勉斎の次男である。了三が、戦前の島根でも知られていたことが推測できる。

戦後は、本書が刊行される昭和五十一年まで資料がないようだが、その後に出た了三に関する記事と書籍は、本書に基づいている。その中で、藤田新氏の了三直筆の文書収集は独自のものである。拙作『島燃ゆ　隠岐騒動』では、以下の二点が、従来の了三資料にない新しい内容ではないかと思う。

一、儒学と尊王攘夷の関係

中国の儒学を修めると、なぜ日本の尊王攘夷につながるのか。了三が儒者として幕末の志士に尊攘を指導したとは書かれているが、中国の孔子や朱子の思想が、日本の天皇を崇敬する「尊王」と外国人排斥の「攘夷」につながる理由を書いた資料は、見当たらなかった。

歴史小説は、史実を客観的に解釈しつつ、主人公の感情と理想を魂をこめて描くものだ。拙作で「隠岐騒動」を書くにあたり、了三がどのような思想を教えたのか、特に「隠岐騒動」の指導者である井上甃介《しゅうすけ》と中西毅男《はたお》は了三に何を教わり蜂起に向かったか、心理の過程を描かなければ、「隠岐騒動」の本質も、隠岐の若き庄屋たちの志も見えない。従来はこの点が空白だったために、「隠岐騒動」に感情移入できず、過去の一事件になっているのではないかと考えた。

そこで執筆に際して、まず『論語』を読み、了三が講じた『大学・中庸』（岩波文庫）も目を通した。また了三は朱子学の山崎闇斎《あんさい》（別名・垂加《すいか》）の系譜である。そこで闇斎を調べると、闇斎は、中国の儒教に日本の神道を融合させた垂加神道を提唱している。この本旨は皇統の守護であり、これが尊王につながる。垂加神道には内尊外卑の教えもあり、それが攘夷へ、さらに異国伝来の仏教を排斥する廃仏毀釈にもつながる。これをそのまま解説すると小説にならないため、了三が甃介にわかりやすく教える場面を創った。京都取材では、山崎闇斎と浅見絅斎《あさみけいさい》の私邸跡を訪ね歩いた。了三も同じ地を巡礼し、額《ぬか》づいただろうと想い、つくづくと感慨深かった。

二、二卿《にきょう》事件への関与

明治二年、京の若き公家、外山《とやま》、愛宕《おたぎ》は、明治政府が攘夷から開国へ政策を変え、天皇を京の御所から武家の江戸城へ移して尊攘派を裏切ったことに憤り、みかどに京へお還《かえ》り頂き、攘夷を実行し、維新をやり直す政府転覆の挙兵を計る。これが二卿事件だ。了三の思想を知ると、この挙兵に彼が共鳴したであろうことは理解できる。そもそも了三は、学習院でこの二人の公家を教えたはずだ。『幕末維新の社会的政治史研究』（宮地正人著、岩波書店）、並びに『それからの志士』（高木俊輔著、有斐閣選書）には、二卿事件への了三の関与が記載されている。東京大学名誉教授の宮地先生には直にお話もうかがった上で、了三の関与を拙作に採り入れた。

儒学の衰退と政治利用

幕末までは儒学が盛んで、江戸の昌平坂学問所（湯島聖堂）、全国の藩校と私塾、各地の寺子屋で、武士も庶民も『論語』を読んだが、明治政府は清国の古い儒学より洋学と国学を重んじ、公教育から儒学を外した。

了三が教えた昌平坂学問所のあった湯島聖堂の資料には、明治初期に漢学派と国学派が対立したとある。湯島聖堂の孔子祭に行ってみると、儒教の孔子の祭礼を、烏帽子《えぼし》をかぶった神社の神主が執り行っていた。この異様な光景に、明治初期の儒学の敗退、国家神道成立の流れを垣間見る思いだった。

だが明治七年以降、自由民権運動が盛んになり、市民の権利意識が高まると、岩倉具視は儒学の封建的な忠孝の精神が必要と思い直し、了三に政府へ戻るように求める。了三は老齢を理由に断るが、儒学を国民弾圧に利用する政府に相容れないものを覚えたとも考えている。だが結局、政府は儒学を利用し、明治二十年の「教育勅語」は、了三の辞任後、明治四年に天皇侍講となった儒学者、元田永孚《もとだながざね》が文章を書いている。

「教育勅語」は儒学に基づいた忠君愛国を説いているが、それは天皇中心の絶対主義、軍国主義教育に利用され、敗戦後に失効する。

天皇は軍事から距離を置くべきである、という了三の考えは日本の伝統にも沿っている。しかし富国強兵を掲げる明治政府は、天皇を軍隊の最高指揮者にして軍国主義を進める。もし了三の主張が採用されていたら、日清、日露、第一次大戦、日中戦争、第二次大戦と歩む日本の近代史は変わっていたかもしれない。了三の思想は、今なお深い示唆に富んでいる。本書の復刊により、日本を代表する儒学者、中沼了三が広く人々に知られ、学者によって研究されることを心から願っている。

松本侑子（まつもと　ゆうこ）
作家、翻訳家／日本ペンクラブ常務理事
島根県出雲市生まれ、筑波大学卒。『巨食症の明けない夜明け』ですばる文学賞、『恋の蛍　山崎富栄と太宰治』（光文社文庫）で新田次郎文学賞を受賞。著訳書に、シェイクスピア劇などの英文学からの引用を多数解明した日本初の全文訳『赤毛のアン』（集英社文庫）、『島燃ゆ　隠岐騒動』（光文社）など多数。

第一部

「中沼了三伝」概論

牧尾　実

「中沼了三伝」概論

私たちは、歴史を、あたかも動かしようのない一つのドラマであったかのように思いがちだ。

慶応四年（一八六八年）、旧徳川幕府軍は、薩摩長州が率いる新政府軍に敗れる。日本は開国へと舵を切り、急速な政治、経済、文化の近代化が行われる。

岩倉具視、西郷隆盛、勝海舟、大久保利通といった偉人が圧倒的な存在感を示し、日本史の表舞台でそれぞれの役を演じる。どの歴史書を見ても主だった登場人物が変わることはない。

ただそこに、この本の主役「中沼了三《なかぬまりょうぞう》」の姿はない。

中沼了三は、孝明天皇、明治天皇の侍講《じこう》を務め、明治新政府を先導する役職であった参与、そして近代史における天下分け目の戦いとも言える鳥羽伏見の戦いの軍事参謀の役も担った。さらに維新勤王軍の嚆矢《こうし》（先駆け）となった十津川郷士を孝明天皇の勅命で開いた文武館で教えた。

幕末から明治にかけての日本の夜明けに立ち会い、その中心で大きな役割を果たしたことに疑う余地はない。

しかし、未だにその名前を一般の人が知ることは少ない。元データを誰かが意図的に消し去ったかのように、そこにあるべき了三に関する記述が、すべての歴史書から抜け落ちている。

私たちは教科書に載らない出来事を知ろうとはしない。いや、そこに別の時間が流れていたことに気が付きさえしないのかも知れない。

しかし確かに、もう一つの明治維新が、中沼了三とともにあった。

平成六年秋、私は『中沼了三伝』の著者で中沼了三の兄の曾孫にあたる故中沼《なかぬま》郁《かおる》先生のご自宅を訪ねた。

地域学が注目される中、中沼了三研究の第一人者であった郁先生の元を多くの作家や研究者が訪れていた。

ただ、私のような門外漢が訪ねることは稀だっただろう。

「青年会議所の会員とは、経済人の若手でしょう。そのあなたが、歴史を学ぼうとするのは驚きです。素晴らしいことです」

開口一番、郁先生はそう言われた。

自分を受け入れて頂いたことへの安堵感に包まれながら、すでに高齢であった先生の張りのある声と眼光の鋭さに驚かされた。

その姿は『中沼了三伝』の中に記された了三の講義の様子「その態度は、声が実にさえていて熱烈、火をはくの気概があった」を体現しているように感じられた。

「学問ハ名分ガタタネバ、君臣ノ大義ヲ失フ」郁氏は、浅見絅斎《あさみけいさい》がその著『靖献遺言《せいけんいげん》』の中に込めた精神を言われた。

そして郁先生の講義が始まった。


中沼了三は儒学者であった。

孔子を始祖とする儒学は、南宋の朱熹《しゅき》（一一三〇年～一二〇〇年）により、朱子学と呼ばれる一派を生んだ。その教えでは、世界のすべて（万事万象）を「気」と「理」という二つの概念で説明している。「気」は、五行（木・火・土・金・水）で構成される「事」「物」であり、月と太陽のように「陰陽」で表される関係性を持っている。そして、その「気」に秩序と法則を与えているのが「理」である。例えば、リンゴが木から落ちるという「気」の動きには、重力という「理」が働いている。

朱子学では、人間も道徳という「理」によって生きるべきだと説いている。

日本に伝わった朱子学は、江戸時代には基礎教養として広く普及していく。特に幕府に仕えた林羅山《はやしらざん》の一派が有名で、朱子学を官吏養成のための学問として育てた。

これに対して、朝廷と民間に展開したのが山崎闇斎学派《やまざきあんさいがくは》（崎門《きもん》）だった。この学派の始祖である山崎闇斎は、朱子学を原点に戻すことを求め、さらに理の実行を重んじた。

崎門は浅見絅斎によって引き継がれ、吉田松陰ら維新の志士が読み耽った尊王攘夷《そんのうじょうい》派のバイブル『靖献遺言』の完成を見る。この書には、諸葛亮《しょかつりょう》（孔明《こうめい》）ら中国の正統の王朝に殉じた忠臣八人の故事と、その詩文が記してある。

了三は、山崎闇斎学派の幕末の後継者として京都に塾を開き、維新の志士、中岡慎太郎や、西郷隆盛の弟、西郷信吾（西郷従道）らを教えた。

この二人の功績は言うまでもない。特に中岡慎太郎は、坂本龍馬とともに薩長同盟を築き、幕末の時の流れを変えた。

鎖国によって守られていた旧来の秩序が崩壊する中、了三の示す人の生き方、そしてその先にある国の在り方（正統論）が、新しい時代を模索する志士たちに支持されていたのだろう。

嘉永元年（一八四八年）、了三は公家の教育機関として京都に創設された学習院の講師となり、その開校日に『書経《しょきょう》』を講義している。

『学習院史』によると、幕末の学習院は、京都で勢力を強めた三条実美《さんじょうさねとみ》ら尊王攘夷派公卿と高杉晋作、桂小五郎といった同派諸藩の志士の集会所となり、政治的にも大きな役割を果たすことになる。

了三は、京都の学習院が閉じられるまで二十年に渡り講義を行い、新政府を主導する多くの人材を育てた。

さらに同院を開いた孝明天皇の侍講も務めている。

「了三が、孝明天皇からいただいた茶碗がこれです」

と、郁先生が桐箱の中から陶器を取り出された。

「どうぞ手に取ってみて下さい」

幕末に大きな存在感を示した孝明天皇ゆかりの品が思いがけず目の前にある。触っていいものかと一瞬ためらったが、言われるままに手に取った。

その茶碗には、白地に菊の紋章が配された文様が描かれている。まさに、幕末の時の欠片《かけら》が私の手の中にあった。

安政四年（一八五八年）、了三は、仁和寺宮嘉彰親王《にんなじのみやよしあきらしんのう》の学問の指導役となった。

そして、親王との関係が築かれたことが維新という激動の時の流れに了三を運ぶことになる。

「宮さん、宮さん、お馬の前に　ひらひらするのは何じゃいな　トコトンヤレ、トンヤレナ
あれは朝敵成敗せよとの　錦の御旗じゃ知らないか・・・・という軍歌を知っていますか」

と、郁先生が私の目の前に『錦之御旗《にしきのみはた》』という古い本を取り出された。

その歌は地元テレビ局が流すテレビコマーシャルの挿入歌として聴いた記憶があった。確かに、その歌詞にも錦の御旗というフレーズがある。

郁先生が開いた頁には、赤い旗を先頭に列を組む軍隊の絵があった。

明治四十年（一九〇七年）に出版されたというのがにわかには信じられない程、鮮やかなカラーで色付けされている。この本は、鳥羽伏見の戦いの記録で、実際にこの戦いで参謀を務めた華族東久世通禧《ひがしくぜみちとみ》らによって監督校閲《かんとくこうえつ》されている。

慶応四年（一八六八年）一月四日、仁和寺宮嘉彰親王は、天皇から朝廷軍の証である節刀《せっとう》と錦旗《きんき》を受け、旧幕府軍を倒す征討大将軍《せいとうたいしょうぐん》となった。錦旗は二つあり、一つは赤地錦に金で日輪、もう一つには銀で月輪が描いてあった。これは、かつて後醍醐天皇が率いた官軍を示す意匠だった。

そして、仁和寺宮嘉彰親王が率いる新政府軍（薩長連合軍）は、本陣となる東寺へと発進した。

錦旗は翌日、戦地に翻り、新政府軍が正規軍であることを敵味方両軍に示すことになった。この効果は絶大で、新政府軍の士気が大いに上がった。これに対し旧幕府軍は賊軍となったことに動揺した。さらに佐幕派《さばくは》であった日和見《ひよりみ》の藩を次々と離反させることになった。

新政府軍のプロパガンダ（宣伝）が、圧倒的な力をみせた一幕となっている。この行軍は、後に前出の軍歌となって日本中で歌われた。

この歴史を変えた錦旗の行軍の中、征討大将軍に寄り添うように、中沼了三とその長男中沼忠雄が描かれている。

また別の頁には、征討大将軍仁和寺宮嘉彰親王、維新の三傑と言われる大久保一蔵（利通）と陣に並んでいる。他にも、山内容堂《やまうちようどう》（前土佐藩主）、後藤象二郎《ごとうしょうじろう》（土佐藩士）、松平《まつだいら》春嶽《しゅんがく》（福井藩主）、伊達宗城《だてむねなり》（伊予宇和島藩主）ら大河ドラマにも度々登場する幕末の主役らと軍議の場にその姿がある。確かに歴史の本流の中に了三が居る。

郁氏がさらに示した頁には、淀城で征討大将軍に『靖献遺言』の「出師表《すいしのひょう》」を講義する了三が描かれている。『錦之御旗』の中で、この部分は一つの章となって、「中沼了三靖献遺言ヲ淀城ニ講ス」と括られている。

章立てされていることで、如何にこの部分が重要であったかが理解できる。

「出師表」とは、中国の三国時代、漢（蜀《しょく》）の丞相《じょうしょう》であった知将、諸葛亮《しょかつりょう》（孔明《こうめい》）が出征の際、皇帝劉禅《りゅうぜん》に奏上《そうじょう》したものとして知られている。

後漢末期、国は衰え、中国は戦乱の時代を迎えていた。漢王室の末裔《まつえい》の劉備《りゅうび》は、正統である王室の威信を取り戻して秩序を回復しようとしたが、参謀となる人材が配下にいなかった。有能な士を求めている劉備に賢者として聞こえてきたのが諸葛亮の名だった。亮は、その時、父親を失い耕作にて生計を立てていた。劉備は若輩で身分の低い諸葛亮に、三顧の礼（三度も訪ねて礼を尽くす）をもって時局を尋ねた。諸葛亮は、その問いに、「隆中対《りゅうちゅうたい》」と呼ばれる明快な回答をする。

それは、幼帝を擁して漢を牛耳っている曹操《そうそう》と、有能な幕僚が補佐する呉の孫権《そんけん》と同盟して対峙する「天下三分の計」等、漢王室による天下統一へ向けた具体的な戦略だった。劉備は、これを理解し亮を幕僚とした。歴史に残る「赤壁の戦い」を勝利に導く知将が此処に生まれた。

諸葛亮は君主劉備亡き後、その太子劉禅《りゅうぜん》に仕え内政を整えた後、先帝（劉備）の果たせなかった漢王朝再興という事業を実現するため、漢王朝より帝位を簒奪《さんだつ》した魏を倒すため軍を率いて出陣した。

その際、劉禅に「出師表」を奉った。そこには、自身を登用してくれた先帝に対しての感謝の思いと、その志を引き継ぐ決意、そして国を治める太子への愛情が満ちていた。

慶応四年（一八六八年）一月七日、鳥羽伏見の戦いにおいて、中沼了三が、まだ若い征討大将軍仁和寺宮嘉彰親王に「出師表」を講ずる姿が、ここに重なる。

中沼了三は諸葛亮の言葉を通して、正統である皇室による日本統一への戦いが始まったことを教えた。歴史は、この時を待っていたのかも知れない。

数百年の月日を超えて、後鳥羽院の承久の決意、そして受け継がれた後醍醐天皇の建武の中興の思いが、今ここに実現しようとしていた。

朝敵とされた徳川慶喜は、一月六日、急遽、拠点としていた大坂城から江戸へと退き、鳥羽伏見の戦いは呆気なく幕を引くことになる。錦旗は、この後、東へと駆け上がり、新政府軍を勝利に導いて行く。

そして同年三月一四日、京都御所内の紫宸殿《ししんでん》にて、明治天皇により五箇条の御誓文が発せられ、新国家建設へ向けた土台作りが進んで行く。

翌、明治二年（一九六九年）には東京遷都が行われ、明治天皇も東京へと入った。儒官を務めていた中沼了三も東京へ移り、天皇の侍講を務めた。

『明治天皇紀』によると、了三は朝廷にて四書《ししょ》（『大学《だいがく》』『中庸《ちゅうよう》』『論語《ろんご》』『孟子《もうし》』）、『詩経《しきょう》』、『大学衍義《だいがくえんぎ》』等を講義している。

しかし、了三の講義は、翌年より記録に現れなくなる。

明治三年（一八七〇年）頃になると宮中改革が行われ、天皇近辺の旧来のしきたりが一掃された。天皇は武芸を習い、軍服姿で乗馬をする姿を見せるようになった。

了三は、新政府の要職にあった三条実美《さんじょうさねとみ》（太政大臣）、徳大寺実則《とくだいじさねつね》らと天皇の御教導のことで意見が対立し、自らその場所を去ることになる。新政府の進もうとしている世界は、了三が描いたあるべき姿、理に導かれた世界ではなかった。

日本には堰を切ったように西洋の文化が流れ込んでいた。了三は、西洋化によって独自の思想までも捨て去る日本の姿に憤りを感じていたのだろう。

了三は退官後、京都に学舎（私塾）を開き、市井《しせい》での教育に情熱を注いだ。

そして明治十五年（一八八二年）、了三を慕う滋賀県令籠手田安定《こてだやすさだ》の尽力により滋賀県の大津に湖南学舎（私塾）を開くことになる。

開塾当初、その学舎には了三を慕う学生が数百人も集い隆盛を極めたという。了三が朱子学者として最後の輝きを見せた時であったのかも知れない。

しかし、資本主義とは背反する思想でもある朱子学は、次第に古い学問とみられるようになる。誰もが目の前にある物質的な豊かさを求めようとしたのだろう。

そして、伊藤博文が初代内閣総理大臣に就任した明治十八年（一八八五年）、湖南学舎は、その門を静かに閉じた。


私は時間を忘れる程、郁先生の講義に聞き入っていた。すでに隠岐へ帰る船に連絡するバスの出発時間を過ぎていた。

私は、今までかつてこんなに迫力のある講義を聞いたことがないと思った。中沼了三の学問に対する姿勢が如何に純粋であり、その思想が理を追求する美しいものであったかが分かった。また、その純粋さ故に政治史の中から姿を消したことも。その生き方は誇りに感じられた。

ただ、自分自身を顧みると、西洋の文化を享受し豊かな生活を送っているのも事実だった。決して理に導かれている訳ではない。

「私は、西洋文化の恩恵を受けて生きていますし、西洋の文化が好きです。中沼了三の考えの反対側にいる人間かも知れません」

と、郁先生に正直に自身の思いを言った。

「いいんですよ、何が大切かを分かっていれば」

先生は、笑顔で答えられた。私はその言葉に救われたような気がした。

平成二十八年現在、日本はＧＤＰで世界三位の経済大国として世界にその名を知られている。資本主義は、外への拡大に支えられて成長を遂げ、物質的に豊かな生活を享受できる国を次々と作り出してきた。

他方、そのグローバル化が文明の衝突を生み、環境破壊とともに世界に暗い影を落とし始めている。

資本主義が行き詰まる中、私たちは、物質至上主義のアンチテーゼとして、中沼了三の声にもう一度耳を傾けてみたい。

了三が十津川の文武館で、朝廷で、そして湖南学舎で教えた「理」が、今、私たち、そして日本が進む道を示しているのかも知れない。

牧尾　実（まきお　みのる）
一九六三年、島根県隠岐郡隠岐の島町生まれ。大学卒業後、広告代理店勤務、株式会社今井書店勤務を経て、現在、有限会社隠岐堂スクエア代表取締役社長。島根教科図書販売株式会社取締役。元、隠岐学セミナー実行委員長。
二〇〇四年、故松本健一氏がコーディネイトした地域学講座（隠岐学セミナー）での出会いを描いた文章「ＰＲＩＤＥ」が島根県民文化祭散文部門金賞受賞。二〇一三年、「バースデイプレゼント」が同部門知事賞受賞。著書に、『隠岐共和国ふたたび』（論創社）。

第二部

隠岐の生んだ　明治維新の先覚者

中沼了三（復刻）

中沼　郁

中沼了三先生顕彰碑

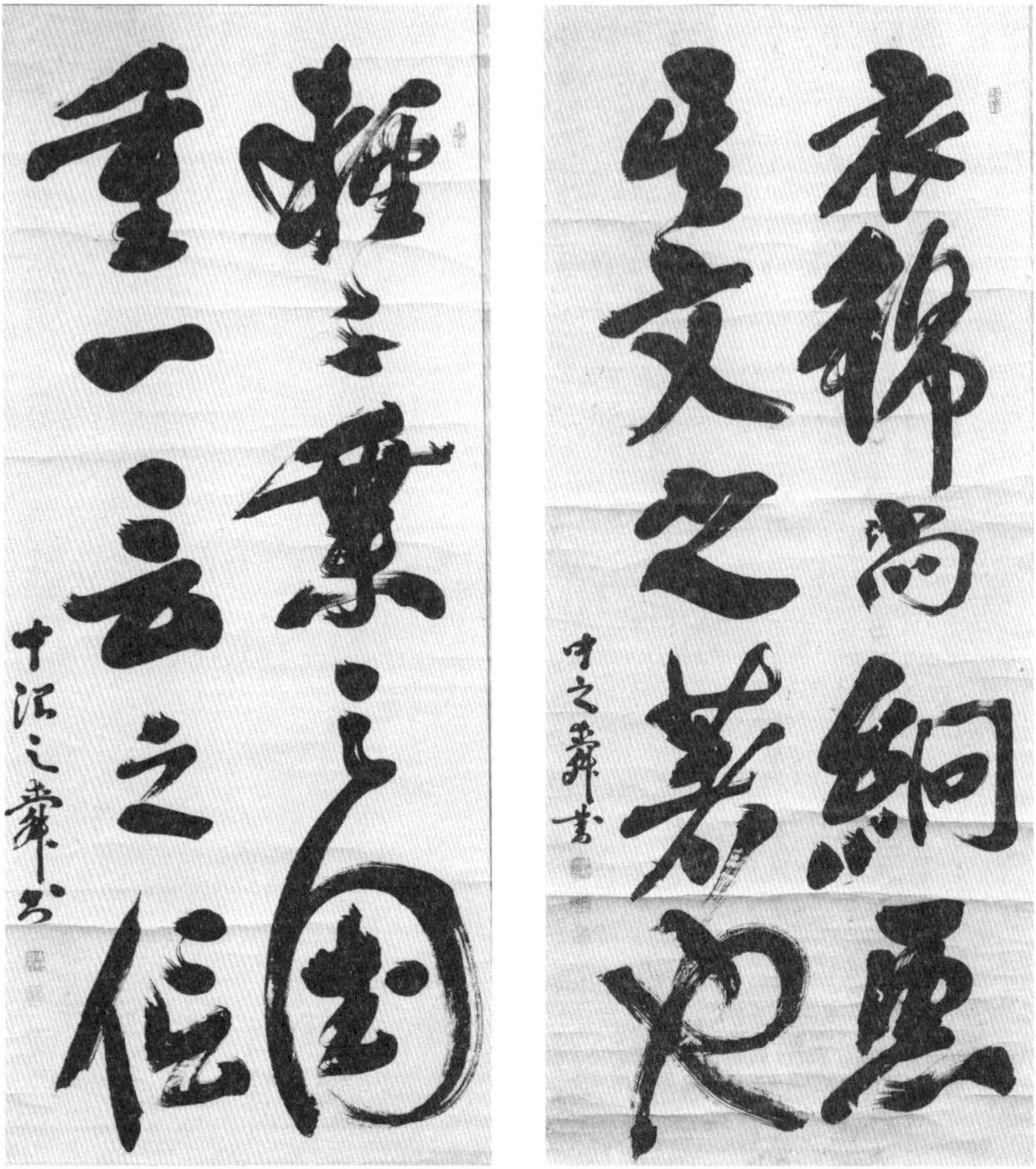

中沼了三の書

序（初版）

中村中学校校歌（昭和二十五年制定、井上赳《たけし》作詞）の三番に、「維新の文化春早み、寒梅清くさきがけし、大人《うし》の心を君知るや……」の一節があります。これは、郷土の先覚者、中沼了三先生の功績を称える詞であり、若人の、立志と奮起を願う、作詞者の意図がうかがえます。

先生の御誕生より一六〇年を経過した今日、出生地の中村では、明治生まれの老人の間に偉い先生として伝えられていますが、時の流れにつれて忘れさられてしまうことが懸念されます。そこで、私たちは、中沼了三先生の生家の現在の御当主であり、先生の事績について、豊富な資料に基づいてまとめられている中沼郁氏のお力を借り、伝記を刊行することにいたしました。

明治維新当時と今日とでは、社会的条件が異なり、思想や、その生き方のすべては通用するわけにはいかないと思います。しかし、へん地の隠岐から、志を立て、京都において研鑽修業し、草莽《そうもう》（在野）の出身でありながら、明治維新の時代の転換に積極的にぶつかり、生き抜いた気魄と根性とは、時代にかかわりなく重要なことで、畏敬に価することです。

本書から、真剣に時代を生き抜こうとする姿を汲みとり、よりよい郷土、よりよい日本の建設に積極的に参加しようとする意欲、態度が読者に生まれることを望んでおります。
本書の刊行にあたり、著者、中沼郁氏の御労作に敬意を表し、衷心より厚くお礼申しあげます。そして、本書発行について、終始、斡旋の労をとって下さった、隠岐島後教育委員会教育長高梨武彦氏に深く感謝いたします。

昭和五十一年三月一日

中沼了三先生顕彰会
会長　田中　全

改訂版について

昭和五十年八月、中沼了三先生顕彰会が発足してより二年を経過しました。

中沼了三先生は、大政奉還にいたるまで、幕藩体制打破の心的エネルギー醸成のリーダーであったが、維新政府ができると、戊辰戦争の勝利者である雄藩が支配者の地位を独占したため、その事績が埋もれてしまいました。そして、世相の変化とともに、出生地の者でさえ、明治天皇、明治維新、侍講中沼了三と連想できる人は、少なくなってきました。

そこで、顕彰事業の一つとして『中沼了三伝』の発刊を企画し、発行しましたところ、多くの皆さんに読んでいただき、その事績が広く知られてきました。顕彰事業を発起したものとして、この上もない喜びであります。

発行した一〇〇〇部の伝記は、全部なくなりました。こゝで絶版にするのは、何か心残りがあります。自今も、隠岐の読者は、身近な先覚者をとおして、島外の読者は、埋もれた志士をとおして、明治維新の変革をみるのは、今の時代において意義深いものがあると考え、改訂の上再版することにしました。

今回も、中沼郁氏に、初版を修正のうえ、著述をお願いいたしました。御労作に対し敬意を表し、衷心より厚くお礼申しあげます。

昭和五十二年八月

中沼了三先生顕彰会

会長　田中　全

発刊を祝して

明治初年の隠岐には、隠岐騒動と県立隠岐中学校設置の史実があります、これは島民の政治的・教育的関心が高かったことを示すものです。なぜ、へん地の隠岐島民の間に政治・教育に対する要求が強かったのであろうか。それは、西郷町中村出身で、当時、京都において、碩学として名も高く、維新回天の大業に参画された中沼了三先生の間接的ではあるが、大きな影響があったと私は思います。

私は、常々、この偉大な郷土の先覚者の偉業を明らかにし、顕彰しなければならないと思っていました。この度、西郷町中村で中沼了三先生顕彰会が発足し、顕彰事業の一環として、中沼郁氏の著述による『中沼了三伝』が発刊されることは、誠に喜ばしいことです。

本書の刊行によって、郷土の先覚者の偉業が、多くの人々に知られることは、隠岐島民の誇りであり、意義の深いことです。そして、身近な先覚者であるので、隠岐島の青少年が人間的共感を覚え、奮起の糧となることを思うとき、本書の発刊を心から祝福します。

昭和五十一年三月

隠岐島後教育委員会教育長　高梨武彦

執筆にあたって（初版）

一

著者が『中沼了三伝』を書いたのは、昭和四十年十二月で、それから既に十年の歳月が流れた。この度、再び筆をとることになったのは、次の理由による。

昨年（昭和五十年）八月、西郷町中村の「中沼了三先生顕彰会」の発企人から「中沼了三の伝記を書いてほしい。それは、了三先生の顕彰碑を建てる計画をしているので、一般の人々に了三先生の事績を知ってもらいたいためである。」と。

最近、明治維新史の再評価が歴史学者の間でとりあげられてきた。これは、太平洋戦争史、戦後史との関連上からのものでもある。この研究を進めると、歴史を動かした人物のとらえ方が重要になる。従って了三の一生を通じて今迄理解できない部面が余りにも多かったのでもう一度了三の生き方を考えてみたかったからである。ある人が、「歴史は常に書きかえられなければならない。それは新しい事実が発見されたからではなく、新しい見方が出るからである。」といったのを思い出し、今までとちがった明治維新、了三の生き方を考えてみたかったのである。

前述の考え方に大きな示唆を与えられたのが、東京工業大学教授判沢弘氏の論文「〝優しい革命〟隠岐騒動」である。判沢教授は、この研究のため隠岐へ渡り、帰途拙宅へ立ち寄られたので、了三に関する資料をお見せした。その時「隠岐騒動の研究に中沼了三は欠くことのできない人物である。」といわれたのでその理由を聞くと、「隠岐島民の手によって何十日も隠岐に自治体制がとられたということは実に重要なことであり、隠岐騒動と了三とは密接な関係のあること、また、了三の考え方で明治維新が行われていたら、今の日本はもっとちがった日本になっていただろう。」と。了三研究にこのような仮説をたてられたことに大いに勇気付けられた。

判沢教授は、昭和四十六年十一月十二・十三日の二回にわたって読売新聞に、「〝優しい革命〟隠岐騒動」という論文を発表され、また、同四十九年十月十九日、法政大学において「隠岐騒動と明治維新」という題で講演しておられる。（この録音は藤田　新《あらた》氏に依頼して送ってもらっている）この二つが私の心をとらえて離さなかった。

次に、隠岐五箇《ごか》村出身の藤田新氏（現東京海城高校教諭）が、同校の研究紀要に、二回にわたって「隠岐騒動」「続隠岐騒動」という論文を発表されたが、この論文からも新しい見方について教えられた。

戦前における明治維新研究の文献は、ほとんどが、権力の座にあって輝かしい歴史の表面に出た指導的役割を果たした政治家の歴史観であった。太平洋戦争後、特に昭和四十年代になってから大藩の力を借りるのではなく、純粋に自力で活躍した人物で、しかも維新史から葬り去られて悲劇的な運命をたどった人物に光をあて、全体的歴史の上に位置付ける運動や研究が盛んになってきた。即ち、真剣に日本の国を救うべき人物の探求である。これらの研究によって、明治維新史の全体的道すじが判明するであろうと思った。

昨年十月二十五日、元島根県立博物館長内藤憲三氏が次のことを話された。「京都に松下幸之助氏等の尽力で、明治維新の資料館をつくっているが、そこには、島根県のみ資料が一つもない。ぜひ中沼了三の資料を提供したい。」とのこと。了三の活躍の舞台は京都なので、この点にも心を動かされた。この資料館は、京都の高台寺にある「霊山歴史館」のことであろう。

二

以上の観点から執筆にとりかかったが、参考資料はほとんど戦前のものなので、新しい見方、とらえ方の資料には苦労した。しかし、なるべく多くの文献や資料を在りのままにのせることにつとめた。この著書から新しい見方、とらえ方を引き出すことは、今後の課題であると思う。

三

終りに、隠岐中村の「中沼了三先生顕彰会」の方々、並びに中村町民の皆さんに心から感謝申しあげ、また、顕彰碑の建立及び本書の出版について終始斡旋の労をお取り下さった、隠岐島後教育委員会教育長高梨武彦氏に対し、併せて深甚なる謝意を表する次第である。

昭和五十一年（一九七六）一月五日

中沼　郁

改訂版について

- 初版は少しむつかしいので、読みやすくしてほしいという読者からの要望により、文体や用語を平易にしました。
- 資料の原文は意訳（読み下し）してのせました。
- 了三と明治新政府要人との争点についての研究を追加しました。
- 明治維新史研究の文献をもとに、広い視野から考察を加えました。（隠岐騒動も含めて。）
- 改訂版を書くに当たっては、了三をとおして、あくまで「問題提起」をしようと努めたこと、従って「問題処理」は読者の自由にお任せします。
- カバーの写真は、西郷町中村にある鎧岩《よろいいわ》と中村海岸であります。

昭和五十二年（一九七七）八月

中沼　郁

第一章

中沼家について

中沼家は、隠岐《おき》郡西郷町中村四十一番地（旧周吉《すき》郡中村）にある。屋号を「屋敷《やしき》」といい、村岡、佃屋、森脇と並んで最も古くからある旧家であった。中村元屋の故横地満治《よこじまんじ》著『明治天皇侍講《じこう》故贈正五位中沼了三《なかぬまりょうぞう》先生御事蹟』（中村教育会発行）には次のように書いてある。

「…慶長十二年中村御検地帳が編成せられた前から、中沼家は中村に存在した旧家であったのである………屋敷は村の富豪又は名望家に対する敬称と見られる。」と。

中沼家は遠く藤原氏の出だといわれている。初代は長門の国（山口県）の士族で医者として渡島したという。代々医者として住民の医療を行いながら、農業や漁業もしていたが、純粋に医者として一家をなしたのは「道碩《どうせき》」であった。道碩は名を「柳太」といい、医者になるため江戸へ出て勉学に励んでいたが、いつの頃からか名を「道碩」と改めた。江戸では西応寺町家主伝蔵店に下宿し、八年間医学を修業して名医となった。

江戸にいる時、下宿屋の隣に、小田原の豪族、瀬戸五郎左衛門の江戸屋敷があった。ある時、その家に火事があったので、道碩は消火に大きな働きをした。それが認められて、五郎左衛門は道碩に対し、娘「うら」を嫁にもらってくれと強く要望したので、翌年、道碩は「うら」を連れ、江戸から何日もかかって中村へ帰った。道碩が二十九歳、うら二十歳の時であった。中村では、江戸からのお嫁入りだというので、隣村の布施村飯美《いいび》港まで村人が大勢ちょうちんをもって迎えに出たので、これをみた「うら」は今迄不安でならなかったが、すっかり安心したという。当時、江戸から隠岐へくるということは大変なことであり、また、江戸から隠岐へ嫁入りをするということは初めてのことであった。このことは私が師範学校在学中、西郷町の故佐藤重次（了三の甥）から聞いた話である。

前記の横地本によると、

「道碩はもとの名柳太、文化六年五月朔日、医学修業のため、遙々江戸へ出た。江戸では西応寺町家主伝蔵店に止宿して、医学を励んだ。こゝでいつの頃からか道碩と改名した。江戸に留まること八年で、天晴れ名医となった。道碩江戸滞在中、原籍相模国小田原萬町、父下田五郎兵衛母里の娘うらを江戸山下町平衛門養女分として妻に迎へた。……道碩結婚の事実は当時の大庄屋一宮村惣七の控書に依る……」

とある。

うらは、中村へきてから浄土宗を信仰していたが、もとは日蓮宗の深い信者であったらしく、中沼家の西側に、うらが、お経の文句を一石に一字ずつ刻んで埋めた「一石一字」の石塔が今も建っている。

中沼家の墓地には、通称「江戸ばあさん」という「うら」の墓石がある。

道碩の子に養碩《ようせき》があり、護国寺村《ごこくじむら》の高梨氏（庄屋、屋号重屋《おもや》）から「てつ」女をめとり、龍之助《りゅうのすけ》、参碩《さんせき》、了三、孔碩《こうせき》の四人の子供があった。（略系左の通り）

藤原氏…道碩＝うら
　└養碩＝てつ
　　├龍之助
　　│　├円太郎
　　│　└文二郎
　　├参碩―立碩―キジ＝荒次郎
　　│　　　　　　└郁―了―憲一
　　├了三―清蔵―信一郎―忠蔵―健
　　└孔碩…種次―藤雄―孜
　　　（犬来酒泉）

（参考）
隠岐に保存されている「壬申戸籍」によると、「隠岐国周吉郡中村千二百七拾壱番屋敷居住、旧神官壬申七月民籍編入、父養碩亡―中沼参碩」とある。

了三の生い立ち

了三は、文化十三年（一八一六）五月六日、旧周吉郡中村大字中村四十一番地（現西郷町）に生まれた。幼時から学問を好み、大きな希望をもっていたが、兄の龍之助が京都へ勉強に出たため、同時に京都へ修学に出ることは家庭の事情が許さなかったので中村に残っ

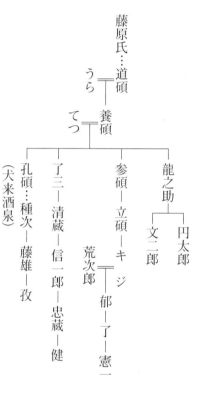

て農業など家の手伝いをしていた。当時中村元屋《がんや》に「ゴソゴソ」（鍋ケ谷）というところがあり、そこに中沼家の「屋敷山」といって二十アール（二反歩）余りの畑があった。了三はくわをかついでこの畑仕事に通ったが、決して本を手放さず、休み時間には『論語《ろんご》』や『大《だい》学《がく》』などの本を出して読みふけったという。

家庭の事情が了三を必要としなくなったので、兄龍之助のあとを追って京都へ出てみると、さすがは日本の首都だけあって、学問や芸術等の文化が光り輝き、すべてが了三の心をとらえてはなさなかったとみえ、向学心に一層の油を注いだ。龍之助と同じく、鈴木遺音《いおん》（恕《じょ》平《へい》）の門に弟子入りをした。時に天保六年（一八三五）二月、二十歳であった。鈴木門には、すぐれた人材が多く、春日潜庵《せんあん》、富松萬山等の英才と机を並べて勉学に励んだので、この三人は鈴木門の高弟として名声が高かった。

了三の勉強振りは他の門人とは異なり、文字や語句の末にとらわれることなく、専ら事物の本質や道理を究め、中心の生命をつかむというものであった。この学問に対する態度は単なる観念的な倫理ではなく、実践的、具体的な修業によって体得していくという実学的方法であった。この態度が後に明治維新に活躍する原動力であったのかもしれない。

了三は、遺音の門で勉強すること八年、同じ門人の中で最も抜きん出て、自ずと多くの人々から信頼と尊敬を受け、ひとかどの大学者として名を現わすに至った。

了三は、恩師である鈴木遺音を心から尊敬し、遺音のためには、自らたき木を切り、水をくみ、また、遺音が、からだが不自由になると、遺音をなぐさめるため、小車にのせて野や山を歩いたという。この了三の師の恩に感謝するまごころに遺音はいたく感謝したとみえ、遺音に子がなかったので了三を養子に迎えようとしたが、了三はこれをことわった。遺音もあえてこれを強く要望しなかった。

遺音が亡くなると、悲しみの念にかられた了三は、あたかも自分の父母の喪に服するかのように礼をつくし、毎年の祭りを欠かさなかった。了三が師を思うことおよそこのようであった。

了三の学問の系統

了三の恩師である鈴木遺音の学問の系統は山崎闇斎《あんさい》学派に属する浅見絅斎《けいさい》の系統である。

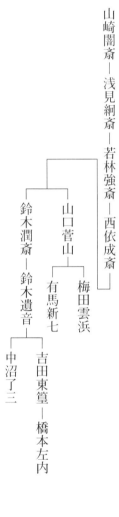

山崎闇斎―浅見絅斎―若林強斎―西依成斎
- 山口菅山
  - 梅田雲浜
  - 有馬新七
- 鈴木潤斎―鈴木遺音
  - 吉田東篁―橋本左内
  - 中沼了三

山崎闇斎の学問は、浅見絅斎に至って大成し、専ら、尊《とう》といことと、卑《いや》しいこととのわきまえや、真の日本と、外国との違いを正すということを本分とした。当時の鈴木門には、天下の若い有能な人材が多く集まった。

了三は、浅見絅斎を最も尊敬していたので、絅斎が心血を注いで著した『靖献遺言《せいけんいげん》』は、一生手放さなかった。これは、山崎闇斎の「学問ハ名分《めいぶん》ガタタネバ、君臣ノ大義《たいぎ》ヲ失フ」という精神を世に知らせるために書いたもので、この内容は、中国の楚《そ》の屈原《くつげん》から明《みん》の方孝孺《ほうこうじゅ》に至るまでの八人の忠臣烈士が心血を注いで書いたという詩文を書き、その略伝を解説したものである。何人も一度読めば憤然として立ち上らざるを得ないといわれる程の有名な本である。

了三は、常にこの本を手放さず、吉田松陰《しょういん》も野山の獄中にあって、この本を愛読していたという。以上のことからして、この『靖献遺言』は、幕末の危機を身をもって救わんとし、明治維新の大業に参画した人々の思想や行動の原動力となった本である。

了三が、自ら儒学者をもって任じていたことは、名を「舜《しゅん》」、又は「之舜《ししゅん》」とつけていることでもわかる。即ち、中国の古代に、尭《ぎょう》、舜、禹《う》という三人の最もすぐれた統治者が三代続いて出て、立派な政治を行ったという故事にちなんで、舜の字をとって、この聖人にあやかりたいというのでこの号をつけたものであり、また、「葵園《きえん》」という号も、「あおい」は常に太陽の方を向いているのでつけたという。

山崎闇斎の学問について、内田周平は、『闇斎先生と日本精神』の中で「崎門尊王《きもんそんのう》論の発達」という論文を書いている。即ち、

「崎門の学と云ふものは、道理の研究を第一義となし、最も力を用ふる所は、其の講義と体験躬行《きゅうこう》とに在ります。体験とは身に引き当て、躬行とは自ら行なふことで、他の儒家の如く、訓詁詞章《くんこししょう》、即ち、経書《けいしょ》の註解や詩や文章に意を用ひることをしませぬ。それ故詩文は巧みならず、著述は多からず、異流の学者は往々指して偏固《へんこ》となし、狭隘《きょうあい》となして居ります。然しながら哲学の思想に深く、道義の実行を重んじ、又出処進退を苟《いやしく》もせざるが如きは、崎門学の特色であります。」と。

闇斎の思想が浅見絅斎に、そして鈴木遺音が受けつぎ、了三に伝えられたと思う。了三を理解するためには次の前提条件が必要である。

了三は儒学者である。儒学の基本は「孔子《こうし》」の教えであるが、孔子は当時の腐敗した政治社会に対し心から憤りを感じ、世直しを追い求めて諸国を歴訪したが遂に容れられなかった。孔子の説く所は、単なる智仁《ちじん》の哲学ではなく、道義的実践哲学ともいうべきものであった。従って、その説くところは、修身《しゅうしん》、斉家《せいか》、治国《ちこく》、平天下《へいてんか》である。

了三が、明治天皇の侍講《じこう》として講義したのは、『論語』、『詩経《しきょう》』、『大学』が主であり、『貞観政要《じょうがんせいよう》』、『大学衍義《えんぎ》』、『十八史略《じゅうはっしりゃく》』、『春秋左氏伝《しゅんじゅうさしでん》』、『資治通鑑《しじつがん》』、『孟子《もうし》』も講じている。孔子の思想の中には、日本人的思考とは反対のものもあるが、了三は孔子の学問を盲信するのでなく、主体的に全く自分自身のものにして明治天皇に帝王学として講義していると思われる。何となれば、代々皇室で、釋奠《せきてん》（天子の行う孔子の祭）が行われることを廃止されるよう建議書を書いていることでもわかる。

了三は、日本の国の主体性を貫きながら、和辻哲郎博士が、「孔子は人類の教師である。」といわれたように、人類永遠普遍の道を説くのである。（釋奠のことは後に述べる）

京都で学舎を開く

恩師である遺音が亡くなるや、了三は、天保十四年（一八四三）、京都烏丸《からすま》竹屋町下ルに学舎を設けて子弟の教育を始めた。了三の崇高な人格や豊かな学問に対する見識、熱心な道を求める態度は、門下生の心をとらえてはなさなかった。そのすぐれた了三の力をしたって四方から有能な同志が続々と集ってきた。了三の講義は、日常の行いを慎しみ忠孝や礼儀を尊び、人がふみ行うべき最高の道徳を重んずるにあった。その態度は、声が実にさえていて熱烈、火をはくの気がいがあったという。了三の門に学んだ人では、薩摩《さつま》の西郷信吾《しんご》（西郷隆盛《たかもり》の弟従道《じゅうどう・つぐみち》）、川村与《よ》十郎《じゅうろう》（純義《すみよし》）、桐野《きりの》利秋《としあき》、鈴木武五郎《たけごろう》、土佐の中岡慎太郎《しんたろう》（道正《みちまさ》）、肥後《ひご》の松田重助《じゅうすけ》等の明治維新に活躍した有名人が多く集まっていた。

了三は、これらの青年に燃えるような熱意をもって尊王の大義を説いた。了三の学舎には一般の人々も多数来るようになり、大変な人気で隆盛をきわめた。

このように了三が公卿《くぎょう》や志士を始め一般民衆にも時勢を論じ、世論を導いたということは、明治維新史の上に大きな影響を与えたといえる。烏丸の学舎の跡には今も「中沼了三先生講書之所」と刻まれた石の碑が建っているが、碑の側面に「竹間《ちっかん》教育会」とある。昭和八年十一月発行の『竹間教育』（京都市竹間教育会発行）に、「中沼了三先生講書之所」という題で、隠岐出身で了三と親交のあった故池田松五郎が詳しく書いている。現在の、京都市中京区夷川下ル蒔絵屋町である。

学問の世界から実社会へ

了三の説くところは、学問の系統にとらわれることなく、また、古文書の意味を講義することのみに走ることもなく、尊王と愛国の至誠とをもって、自分独自の立場から子弟を教育した。従って行動を伴うようになり、政治性を帯びてくるのは、自然の勢いであった。

安政、文久の頃になると、幕府の力は地におちるとともに、他方外国船はしきりに日本近海に現われ、内外共に多事となり世の中は実に騒がしい有様であった。

了三はこのような状態をみて、いたずらに学舎の中に閉じこもって独り高くとまっていることを心よしとせず、ついに意を決して街頭へ出て、公卿や諸公に会い、また一般大衆とも交って尊王の大義を説き、時勢に適切な方策を説いて世論を高めることに努めた。しかも勤王の志士が四方に起こり容易ならぬ情勢であった。

当時、幕府は血眼になって勤王の志士をさがし出しては獄に投じて弾圧し、いわゆる安政の大獄という大事件を引き起こすに至った。

このようなときに、了三の言動は幕府にとって許さるべくもなかった。にもかかわらず了三が難をまぬがれたのは、将来を見とおして事を行う道を心得ていたので、みだりに事をかまえて時事を談じて心よしとするような人とは異なり、決して軽々しい言動はしなかったからである。しかし、たえず幕府からつけねらわれていたことは事実であった。

学習院の講師となる

光格《こうかく》天皇は、一部の公卿の人たちの行いが乱れているのを心配され、公卿のための教育機関を設ける計画をされたが、当時の幕府は公卿の力が強くなることを喜ばなかったので、学校を建てることなど容易なことではなかった。

次の仁孝《にんこう》天皇は光格天皇の遺志をついで尽力され、弘化二年（一八四五）十月に至りようやく学習所を建てることとなったが、業半ばにして亡くなられた。次いで孝明《こうめい》天皇がお立ちになるや、学習院《がくしゅういん》を設けることにけんめいの努力をされ、ついに弘化四年（一八四七）三月九日に至り、京都御所の建春《けんしゅん》門前開明《かいめい》門院屋敷跡において開校式が行われた。

天保十三年（一八四二）以来六年を経て初めて学習院が開講の運びとなったことは誠に意義深いものがあった。

了三と学習院との関係についてみるに、学習院の落成式が行われたのは弘化三年（一八四六）閏《うるう》五月二十八日で、同時に学則を定めた。同年六月九日、了三以下六人が講師に任命されている。孝明天皇は学習院をつくるために沢山の古典の本を寄贈するなど尽力された。

了三は『書経《しょきょう》』の講義をしたということ、及び、了三が孝明天皇の侍講（天皇や皇族に学問を講義する人のこと）を拝命したということが、『学習院史』にのっている。

了三が孝明天皇の侍講をしていた時に、天皇からいただいた菊の紋章入りの茶わんと皿があるが、これは今筆者が保存している。（写真参照）

中沼了三が孝明天皇よりいただいた
茶わんと皿

孝明天皇から明治天皇への時代的背景

時代の変動期は、古い権力と新しい権力とが一挙に勝負に出る時である。日本の歴史をみる時三つの大変動期があった。第一は、古代社会から封建社会への転換期、第二は、封建時代七百年の武家政治が崩壊し、近代社会へ移行する幕末から明治維新時代、第三は、終戦後の転換期である。この三時代を背景にして、第二の近代社会へ移行する陣痛期を主にして時代相をとらえてみたい。

孝明天皇と明治天皇に学問を教え、両天皇のもとで活躍した了三を知るためには、明治維新前後の時代がどういう時代であったかということを知らねばならない。

孝明天皇がお生まれになったのは天保二年（一八三一）六月であった。この頃欧米諸国は東洋へ手を伸ばして侵略を始め、次第に日本にも近づきつつあった。一方、幕府の二百五十年にわたる政治体制は次第に崩れ始め、全国の諸藩に対する威令は弱まりつつあった。即ち内外共に大きな動揺期に入っていた。

孝明天皇が天皇の位に就かれたのは弘化三年（一八四六）で、四年に十七歳で即位式が行われた。この頃オランダやフランス、アメリカの軍艦は日本に来て開港をせまり、特にアメリカの総領事ハリスは「日米修好通商条約」の調印を強要したので、幕府は独断で調印することができなくなり、孝明天皇にお許しを求めたが天皇はお許しにならなかった。このことは今まで天皇には政治の実権が殆んどなかったのに、この時から天皇の非政治的地位が一挙に政治的地位を得られるという一大転換期が来た。幕府は天皇のお許しのないまま条約に調印してしまった。そこで幕府の独断的行為を非難する声が各地に起こり、このことはやがて尊王思想、勤王運動の大きな原動力となり、長州藩はその主流となった。

孝明天皇は、安政五年（一八五八）から慶応二年（一八六六）にお亡くなりになるまでの約九年間は、天皇の政治的地位が急に高まる一方、内外共に多事多難な激動期で深刻な苦悩の時代を過ごされたが、慶応二年十二月三十六歳で亡くなられた。

幕府方においても、第十四代将軍家茂《いえもち》が慶応二年七月二十一歳で亡くなっている。

孝明天皇のあとをついで位に就かれたのが明治天皇で、慶応三年（一八六七）正月のことである。

明治天皇は、嘉永五年（一八五二）十一月三日京都御所でお生まれになった。十六歳で天皇の位に就かれるということは、大きな重荷であった。

幕府においても家茂のあとを継いだのが、第十五代将軍徳川慶喜《よしのぶ》である。

朝廷の内外ではにわかに討幕派が勢力を増し、特に薩摩、長州の二藩は岩倉具視《ともみ》等と協力して政治の実権を握るようになった。遂に慶応三年十二月九日大政を天皇にお返しする、「王政復古」という大号令が下り、幕府にかわって新政府ができることになった。

孝明天皇時代における了三は全くかげの人として明治維新をつくり出す大きな役割を果たし、新政府ができるや、今度は正面に出て活躍するのであるが、これらについては後に記述する。

大和国十津川に文武館を創設す

奈良県に十津川《とつかわ》という処がある。昔、後醍醐《ごだいご》天皇の御代に、朝廷に忠勤を励んだ功により、地租を免じ、士班に加えられたことがある。世にこれを十津川の千本槍という。このことは『太平記《たいへいき》』にものっている。

十津川の郷士たちは、幕府の力が地におち、封建社会が崩れる要因が次第に生まれるとともに、他方勤王運動が次第に組織的にできあがるようになると、この時とばかり立ち上り、嘉永六年（一八五三）九月には、南朝時代（楠木正成《くすのきまさしげ》の忠勤）の歴史に力づけられて、上平《うえひら》主税《ちから》、藤井秀蔵《ひでぞう》等を総代として、五條《ごじょう》代官内藤杢左衛門《もくざえもん》に対し、この国の一大事にあたって、できるだけの力をつくしたいということを幕府へ願い出たが許されなかった。文久二年（一八六二）朝廷は外国船打ち払いを決定されたので、同年四月、十津川郷士の有志たちは、丸田藤左衛門《とうざえもん》、田中主馬蔵《しゅめぞう》等を総代として、後の久邇宮朝彦《くにのみやあさひこ》親王（中川宮）をたより、朝廷を警固したい旨を願い出たが、これまた容易に許されなかった。

そこで、当時京都で最も名の高かった了三の人格と識見を慕って教えをうけることになった。了三は、いろいろな面から十津川の郷士を指導し、時には、公卿の家に出入し、また、大藩の志士たちと相謀って八方手を尽くしたので、翌年五月、中川宮からその忠誠心が認められ大いに忠勤を励むようにとのおほめの言葉をいただいた。よって、十津川の郷士で京都にいた有志は、駐屯所を京都寺町通りの円福寺に設けて活動を始めた。

そこで郷士たちは、警護の親兵として働くために教養を身につけ、素質の向上を図り、また時局の新しい認識のために活眼を開く目的をもって、十津川に文武館《ぶんぶかん》を創設することを決意した。元治元年一月のことである。これは了三の指導によるものであった。そこで、二月になって文武館創設の朝廷からの御沙汰書をいただいた。このことが、文武館創設は天皇の思召によって開設されたといわれる原因である。その御沙汰書は、

「御所御内玄関中ノ間ニ而《テ》文武館取立可申旨御沙汰之御事」

とある。よって儒官である了三の文武館教授の就任がきまった。

了三は、朝廷の命で、元治元年（一八六四）四月二十五日、長男清蔵《せいぞう》（忠雄《ただお》）をつれて、郷士上平主税、吉田源五郎等とともに京都を出発し、五月一日、十津川の折立《おりたち》村に着いた。五月四日、松雲寺《しょううんじ》において文武館の開館式を行った。

了三は、京都の状勢が急迫していたため京都へ帰ることになったので、そのあとは、了三の長男清蔵が教授の任にあたり、撃剣は三男の璉三郎《れんざぶろう》が教えた。

十津川郷士は重要なことはみな了三の指導により決定したという。

十津川の人たちがいかに了三を敬い慕っていたかということの一端は、十津川に、了三の墓碑を建てて永くその恩徳を追慕していることによっても知られる。

中西孝則の『十津川記事』によると、

「元治元年五月四日。折立村松雲寺を以て、仮りに文武館となし、毎村まず郷費生徒一名

を出さしめ、朝廷の儒官中沼了三命を蒙《こうむ》り、之に臨んで開館の典を行う。此日先生大学の三綱領を講ず。……是より先、我先輩等文武の道振わざるを憂えて、朝廷へ内願するところありしが、遂に恩命ありてここに開校の良運に至りしなり。……」と。

「田中主馬蔵日記」には、

「中沼先生十津川行被仰付候趣キ、先生家より申来候事」と。

奈良県教育委員会発行『のびゆく奈良』（昭和二十九年）には、

「県立十津川高校創立十周年記念式が十月二十五日行なわれ、式場には文武館ゆかりの孝明天皇肖像、中沼了三先生の筆蹟などの軸物がかかげられ、……同校は元治元年孝明天皇の内勅によって松雲寺に儒官中沼了三を迎えて開設された郷校文武館がその前身であり……」と。

昭和三十八年（一九六三）には、奈良県立十津川高校創立百周年記念式典が盛大に行われ、『文武館百年史』が刊行されたが、それによると、

「元治元年二月、孝明天皇の朝廷において文武館開設の御沙汰を拝した。十津川郷中一同、文武修業専一なるべしとの恩諭にちなむ。かくて十津川郷折立村松雲寺を文武館館舎に仮用し、五月四日、儒官中沼了三の着任を得て開館の式典をあげた。十津川郷学文武館の誕生である。……この文武館で教育されたものが、王政復古や戊辰《ぼしん》戦争に従事し、教育の恩恵を多く感じたであろう。……学習院は、彼等参政・寄人と志士との集合場所となり、尊攘運動の策源地であった。その学習院の儒官として、参政・寄人たちを理論的に指導した

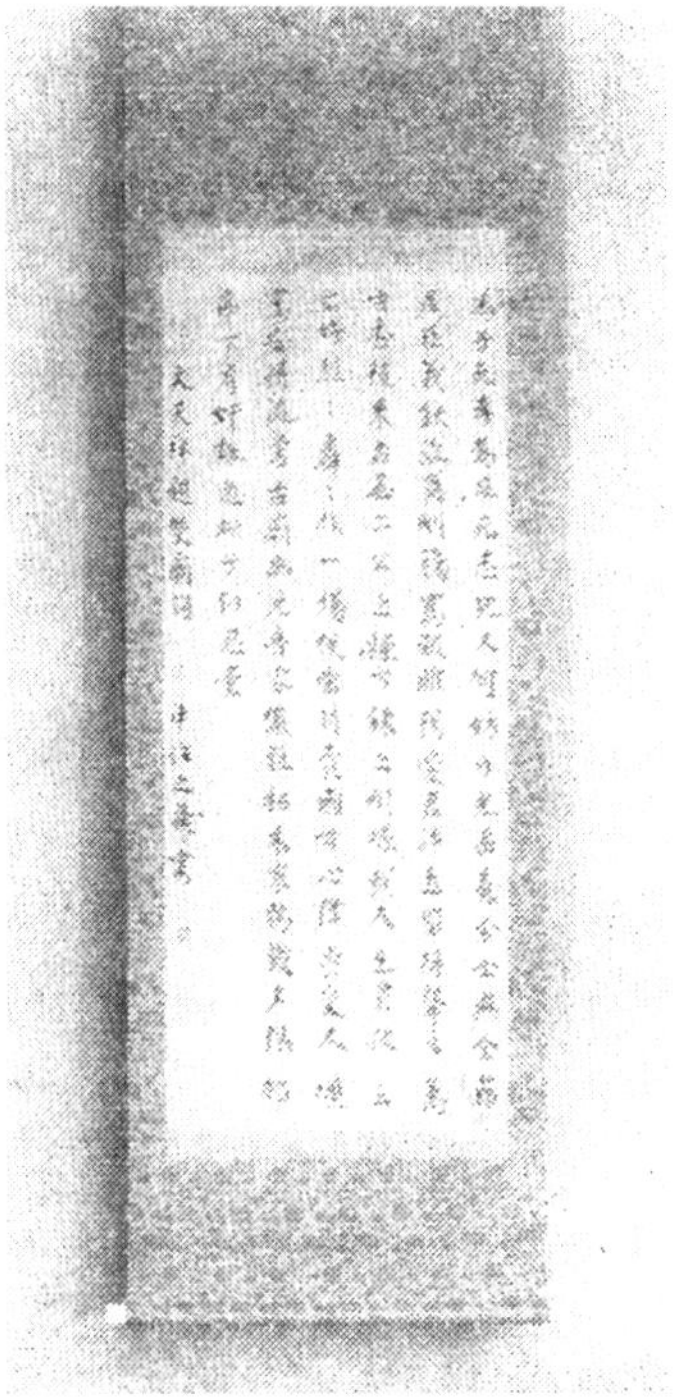

奈良県立十津川高校にある
中沼了三の書

のが、のち文武館に関係する中沼了三であり、十津川郷士も、しきりに学習院に出入した。………伏見兵営（戊辰戦争）には約三〇〇名が入隊したようである。郷士らの従軍で閑散となった京都邸は中沼了三の塾として貸与された。………」と。

大正十五年（一九二六）には、「十津川中学文武館」となっているが、朝廷から御内帑金五百円を賜わり、昭和七年（一九三二）には、侍従《じじゅう》を御差遣になった。

昭和四年（一九二九）頃、当時の隠岐商船水産学校の教諭に栗栖某が着任し、筆者の生家を尋ねて、「中沼了三先生は十津川の人とばかり思っていたのに、隠岐中村の出身とは初めて知った。」といって香華料をおいていったと筆者の母が話してくれたが、この人は十津川の出身であったという。

隠岐文武館設置運動と隠岐騒動

隠岐の学問

億岐《おき》幸生《さちなり》

隠岐へ山崎闇斎の学問を最初にとり入れたのは、玉若酢命《たまわかすみこと》神社の神主、億岐幸生である。幸生は天明の頃京都へ出て西依成斎《にしよりせいさい》に学び、各界の名士と親交を重ねていたが、文化十年（一八一三）京都で亡くなった。

中沼龍之助（字は子復《しふく》、号は秋水《しゅうすい》）（了三の兄）

若くして京都へ出て鈴木遺音の門に入り学者として名をなしたが、若くして亡くなった。龍之助については、五箇村出身の東京海城高校教諭藤田新が、同校の研究集録第二集に、龍之助が送った多くの手紙の原文をのせている。宛名は、重栖長兄（善助）、中西老契、藤田老兄、叔父大人、永海文之亟、中西貞二郎宛のもので、主として五箇村の人と思われる。（内容は略）

隠岐郡西郷町松浦家（小板屋）の墓には、松浦嶺造嘉《みねぞうよし》の墓碑があるが、その碑文は、嶺造嘉の死を悼む内容で、「天保十年上亥夏六月　中沼復撰」とある。嶺造嘉は、松浦家（板屋）の分家で医を業としていたので、中沼家も医者であったから交際があったものと思う。中沼復は龍之助で、子復と号していた。このことは筆者が西郷町松浦千足《ちたる》から、昭和五十一年（一九七六）二月二十七日に聞いたのである。

中沼円太郎《えんたろう》——龍之助の長男で、秀才として知られ龍之助と共に京都で山崎派の学問を修めた。後、隠岐へ帰り、五箇村山田に「看農軒《かんのうけん》」という私塾を開いて子弟を教育したが三〇歳の若さで亡くなった。「肝銘録」という本を書いているが今、その本は見当たらない。円太郎は春日潜庵と交際が厚かったとみえ、潜庵の文集に「送㆔看農軒帰㆓隠岐㆒」の序がある。

中沼文二郎《ぶんじろう》——龍之助の二男であるがこれも早く亡くなった。「靖献遺言全」という写本を筆者がもっているが、これには「文二写」とあるのをみると、やはり山崎学派の学問を修めたと思われる。

中西淡斎《たんさい》（貞二郎）——五箇村山田の人で、天保の頃京都へ出て鈴木遺音に学び、後、隠岐へ帰り、五箇村水若酢《みずわかす》神社の境内に「膺懲館《ようちょうかん》」という塾を開いて大義名分や尊王思想を広めた。

中西毅男《はたお》——淡斎の養子で中西喜六《きろく》の子である。京都へ出て了三のもとで教育を受けた。気力の盛んな人であったという。

以上のように隠岐からは了三を慕って続々と京都へ出て学問に励み、勤王思想や海防、文武の道に高い関心をもつに至った。了三が中西淡斎に送った手紙には毅男に期待することの大きいことを書いている。

また、島外から隠岐へ渡った知名の士が思想の開発に当たったことも見逃してはならない。

隠岐文武館設立の歎願書を出す

中西毅男は京都から帰るや、十津川の志士が了三の指導で、大いに勤王に励み、十津川に文武館を創立した例に倣って、隠岐にも文武館を設けて朝廷に尽くそうと思いたち、磯村加茂（現西郷町）の井上甃介《しゅうすけ》に京都の実状を説き協力を求めた。既に隠岐ではこうした機運が熟していたので、甃介も共鳴し、同志をつのり、七三名の連署をもって、「隠岐文武館」設立の歎願《たんがん》書を慶応三年（一八六七）五月松江《まつえ》藩に出したが、松江藩の隠岐統治の責任者である郡代《ぐんだい》山郡《やまごおり》宇右衛門《うえもん》は、農民の身分で文武を学ぶとはけしからんといって願いを退けた。

この七三名の中には、中村の人が九人いる。即ち中村の貞市郎、源之丞、伊後の忠左衛門、直右衛門、信平、西村の穂一郎（岡島）、忠之助（峯尾）、元屋の岩二郎、久平（三水）等である。また、了三の弟孔碩（犬来酒泉）の名も出ている。

しかし、井上ほか四名はこれを不服として六月十一日、再び文武館設置の願書を出したが、またもや退けられた。

今度は、那久の安部運平を使者として直接松江藩へ出むいて願書を手渡そうとしたがこれもとりあげられなかった。

こうしているうちに中央の情勢は急にかわり、慶応三年（一八六七）十月十四日には、徳川慶喜は政治を朝廷へ返すことを申し出た。慶応四年（一八六八）正月には、鳥羽伏見《とばふしみ》において旧幕府軍と朝廷軍との戦が起こったが、旧幕府軍は敗れたので、慶喜は大坂へ退き、海

から江戸へ帰った。（当時大阪の阪は坂であった）
隠岐では、中央（京都）の様子を知るため、二月三日、忌部正弘《いんべまさひろ》、中西毅男、横地官三郎《よこじかんざぶろう》、藤田春市等一〇人が上京の途についたが、途中風波のため引き返し五箇村へ帰った。

隠岐騒動

慶応四年（一八六八）二月二十八日、山陰道鎮撫使西園寺公望《ちんぶしさいおんじきんもち》は松江へ入った。西園寺鎮撫使から隠岐国公聞《くもん》役方中あての公文書を松江藩の隠岐役人が勝手に開いて見てしまった。

これに対し怒った島民は、その責任を追及しようということになり、庄屋大会が開かれたが議論は二つに分かれた。郡代追放派は「正義党」、追放反対派は「出雲党《いずも》」であった。出雲党は少数で退場した。正義党は、横地官三郎宅にいた同志派と合流し、郡代追放を決議し、翌十九日、郡代に六カ条をつきつけて退去を求めるとともに、約三、〇〇〇人を大城《おおしろ》調練場に集合させ、万一に備えた。郡代は、その後、御用船観音丸に乗り、翌二十日西郷港を出発し松江に帰った。

同志派は郡代追放後、もとの陣屋《じんや》を「会議所」とし、忌部正弘、億岐有尚《ありひさ》、井上権之丞《ごんのじょう》、中西貞二郎の四人の合議制で総元じめをし、執行機関として「総会所」を設け、公聞職の者が担当した。ここに、隠岐島民による自治機関が生まれたのである。

郡代追放のための繰出人表（加茂井上家蔵）によると、総計三、〇四三人。そのうち中村二一一人（内訳、西村五九人、湊村二八人、中村九三人、元屋村三一人）である。「隠岐騒動回顧録」（元屋村横地家文書）に小田耕一郎（中村中尾）の記録があるのでそれによると、「慶応四年三月十九日、地下《じげ》中残らず長さ六尺の竹槍をこしらへて西郷の調練場まで出よとのフレがまわったので、仕度をして炬火や提灯をさげて夜中に中村を出て夜中歩き、八郎淵で夜が明けた。」と。

隠岐では内部的には松江藩に組みする出雲党との対立があり、外部的には、松江藩が反げきしてくるかもしれないという不安があった。果たして松江藩は七〇名の第一陣をもって四月二十日松江を出発し、二十七日西郷へ着いた。五月三日には五〇名の後続部隊も到着して、陣屋の明けわたしを要求すべく計画していたが、らちがあかないので、さらに二〇〇名を増員し、計三〇〇名の兵力となり、大砲小銃をもって発砲してきたので、この銃砲力に一たまりもなく破れ退散してしまった。

この戦で西村の公文田中忠之助（峯尾）は腰を打ち抜かれて死亡し、元屋の原久平（三水）も捕えられて殺された。五箇村の藤田冬之助（中隊長）も砲火にたおれた。

ここにおいて松江藩は陣屋を奪い返したので、隠岐同志派が確立した島民による自治機関は八十日目にして消滅したのである。

この戦で松江藩はずいぶん乱ぼうしたとみえて、玉若酢命神社宮司億岐家の大黒柱には刀で切りつけたあとがたくさん残っている。また、中村へきた藩兵は某家の若夫婦を射殺し、その家を断絶させたので、中村では当時このむごいしうちをみて、「出雲役人そば屋のまねか。隠岐の壮士を打って斬る」という俗謡がはやったという。

松江藩兵の当時の様子を、前記小田耕一郎が回想録に、次のように書いている。

「……此の後、百姓慰撫だと言って、出雲役人四十五六名連れだつて各村を廻り、村々で重立つた者を招き、安堵して仕事に励むよう諭し聞かせました。中村へ来た時には、佃屋(森)、森脇(森)、村岡(赤沼)、屋敷(中沼)等四軒に分宿しました。村岡では私が主人代理を務め、佃屋では河崎が代理をしました。村岡には十何人泊りました。金は幾らでも出すから存分の御馳走をして呉れと言ふのです。……右の様な事で、何回も京都其の他の方面へ同志方は往復し、其筋へ嘆願書を出したりなんかして、たたぽたした入費は大きなものでした。」と。

小田耕一郎の記事は、『日本庶民生活史料集成』第十三巻の中の「隠岐騒動」から引用したものであるが、この資料は西郷町の故永海《ながみ》一正《かずまさ》が提供したものである。

正義党では、斎藤村之助、中西毅男等が京都へ向けて出発し、西園寺文書に対する報告と共に、松江藩の報復に対する応援を求めるためであった。井上甃介日記によると、斎藤等の一行は四月八日京都へ着き、すぐに了三を訪問し、隠岐の事情を詳しく報告すると共に、鎮撫使役所に出す遅参届の草稿を書いてもらい、それを提出している。

陣屋をのりとられた隠岐の正義党は巻返しを図ろうと、鳥取藩、長州藩、京都等へ使者を出していたので、この二藩は正義党を応援し、特に長州藩と薩摩藩の軍艦が五月十三日西郷へ入り、松江藩に対し強く抗議をしたので松江藩は五月十六日西郷から引きあげた。

そこで隠岐は再び自治をとりもどした。このときには、島前島後は一体となる体制ができ、ここで再び隠岐島の自治ができた。しかし、財政的にも困難になり、明治元年（一八六八）十一月六日、正式に松江藩から鳥取藩に移され、さらに明治二年（一八六九）二月隠岐県となり、中央政府の行政下に入ることとなった。

隠岐騒動の本質や評価は今迄もなされてきたが、昭和四十年頃から特に歴史家が注目するようになった。即ち、一孤島隠岐で僅か一年位の短い期間であったとはいえ、島民の手による自治政権ができたということは、幕藩体制に抗し、明治維新の新しい政治体制に意欲をもやしてのものであるという点で明治維新史上注目すべきことである。

明治新政府のとった態度は、始めは隠岐島民をけしかけて松江藩をたたき、次には松江藩に味方して隠岐島民をたたくというような相反することをした。これは隠岐に対してだけの問題ではなく、全国的に行った手段であった。即ち、新政府に対し反対する勢力に対しては、これを倒すことを不安とみれば、まず民衆に対して年貢を半分にするとか、きびしいことはしないとか、甘言をもって民衆を味方に引き入れて反対派を倒し、今度は逆に手のひらを返すように民衆をたたいてこれを弾圧するという無軌道な政策を行った。

新政府ができたといっても最も苦心したのは財政難であったから、しきりに賄賂（まいない）をとることを行った。隠岐に対しても始めは味方をしていたが、松江藩が賄賂を贈ると急に態度をかえて松江藩と組んで隠岐をたたくという手口であった。そこで、隠岐の人はこれはどうもおかしいと不信感をもつようになった。この新政府の方針についてはたえず了三から聞いていたのであろう。隠岐騒動中にも隠岐から何回も出かけて了三と情報交換を行っていたからである。
隠岐の人々は、封建制の暗黒面から抜け出して、明るい政治を期待していたことが水の泡となったため絶望感に陥ったではなかろうか。このことは了三の運命と同じものを感じる。隠岐騒動が悲劇に終ったということは、国内や国際情勢に対応できなかったということも否定できない。

隠岐の歴史を考えるとき、隠岐騒動が単に隠岐の問題だけではなく日本歴史の上において実に重要な意味をもっていることが、戦後三十年を経た今日、改めて認識されるようになった。あるいは世界史の中の一こまをになうかもしれない。隠岐島民としてより深く認識すべきものと思う。

この一孤島隠岐に起こった事件の理論的指導をしたのが、了三であることも改めて研究すべき問題である。東京工業大学の判沢弘教授は、「隠岐騒動の研究にとって中沼了三は欠くことのできない人物である。」と。

若い層の人がこうした方面に眼を向け、郷土の発展のために力を入れてもらいたいと思うのは、筆者のみであろうか。

「隠岐騒動」の研究について東京工業大学判沢教授は、了三との関係に言及し、

「了三の維新観は、薩長のエゴイズムに堕していく討幕論よりも、ネーション（国民）形成の核としての尊王論こそが維新最高の理念であるというにあったであろう。明治新政府の尊王論は看板にすぎなかったのだ」と。

横川文三は、『ナショナリズム―その神話と理論』という論文の中で、

「隠岐の事件は、維新後数年間における日本の経験の縮図である。……もしこの隠岐のコンミューンに似たものが全国各地に百くらいも次々と出現し、中間的権力機構をそれぞれに排除して全国的にゆるやかなコンミューン連合ができたとしたなら、その後の日本国家はどうなっていたろうか、というように空想してみることもできるからである。」と。

また、判沢教授は、「〝優しい革命〟隠岐騒動」の中に

「私は隠岐同志たちのこのような視点から、もう一度明治維新史は書き直されねばならぬのではないかと考えている。」と。

この「優しい革命」という言葉の意味を隠岐の人は、真剣に考えるべきではなかろうか。

明治維新前後に活躍した純粋な志士たちは、ほとんどが学問（主として儒学）をした人々である。故に、何か犯し難い筋金入りの気品を備えている。隠岐騒動に参画した指導者たちについても同じことがいえる。

隠岐における文化人の学問的水準の高さを隠岐騒動を通じて知ることができるのであるが、この点が幕末における全国各地に起こった百姓一揆と異なる点ではなかろうか。本県においても大田における農民が藩のひどい税の取りたてに対して暴動を起こしているのと比べてみることも興味あることである。

付　明治維新前後の中村沿岸の防備

幕末の頃には隠岐島の近くにしばしば外国船がきたので、島民はその危機感を身近に感じていた。

『日本庶民生活史料集成』第十三巻「隠岐騒動」よりその有様を要約すると、「伊後村は、隠岐の最北端にあるので、外国船の見張りに格好の地であった。浜に台場を築き、大山《おおやま》神社付近に新陣屋と新番屋とを建てた。陣屋は、後に中村に移されたが、この時、内田、乃木という侍《さむらい》がきて、中村の森脇に住んでいた。その命令で、村人は伊後の番屋から大砲と種が島（小銃）とを中村へ運んだ。また、元屋村の字《あざ》イモリの空《そら》の字上が床にも番小屋を建て、毎日、元屋から一人、中村から一人づつ出て沖を通る船を監視した。」と。

第二章

仁和寺宮の師となる

了三は、安政四年（一八五七）から、仁和寺宮法親王《にんなじのみやほうしんのう》（後の小松宮彰仁《こまつのみやあきひと》親王）に対し、読書の指導を仰せつかり、学問の講義をしている。仁和寺宮は生まれつき大へんすぐれた資質をもっておられ、十五歳頃にはもう聖人の書いた本や歴史などの大要に通じておられたという。

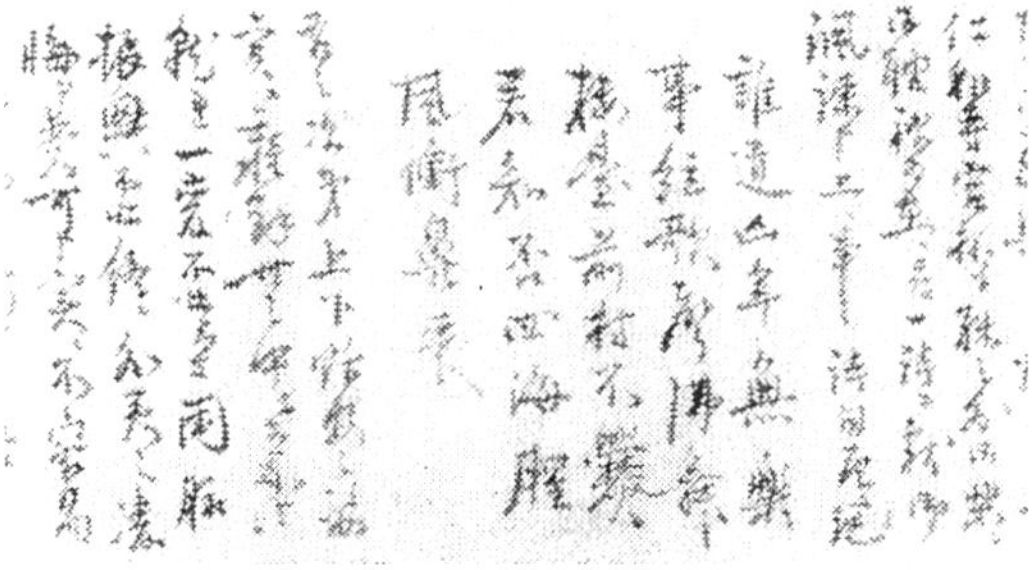

中沼了三が兄参碩に送った
仁和寺宮に対する諷詩の手紙

元治、慶応の頃から幕府の政治は大いに乱れ、外国の圧力も加わって国内は騒然たる有様であったので、親王はこれを大へん御心配になり、何とかしてこの危機を救いたいという考えをもっておられたので、このことを了三に話された。了三は大いに感激し、全力をあげて御協力申しあげることを誓った。この一事は了三の今後の生き方、働き方を決定づける重要なことであった。

了三は、親王のおおせにしたがって、親王の裏門（御室《おむろ》山下）の近くにある僧庵に家を移し親王にお会いするための便宜を図った。これは、当時、幕府の警戒がきびしいので、それをさけてひそかに話を進めるためにとられたものであった。

好学心の強い親王はたびたび近親者一人をつれ、裏門からこっそり出て了三の宅を訪れて講義や時事のことを聞かれ、了三もまた親王の邸へ出かけて時事に対する質問にこたえ、また意見を申しあげた。

当時、官職についていない一平民（了三）の所へ親王が教えを受けに出かけられるということは、公卿でさえもなかったことで、まして皇族の身でこうしたことはこれまでになかった。これは、了三の学問や識見のすぐれていたことを信頼されたからであろう。

了三が兄の参碩に送った手紙によると、当時一般民衆は凶作で食べる米もないような苦しい生活をしている時に、親王が遊興にふけっておられるのをみて、詩をつくっておやめになるように申しあげたところ、すぐにおやめになったという。

親王が後に、戊辰の役の征討大将軍《せいとうたいしょうぐん》として大功をたてられたのは、こうした了三の補導も大いに力となっていたと思われる。

陣羽織をいただく

仁和寺宮法親王は、大和錦の御直衣《のうし》（昔の服）をもって陣羽織《じんばおり》を作り、了三に与えられたので、了三は感泣してこれをいただいたという。

たまたま、高崎左京正風《さきょうまさかぜ》（後、新政府の参与《さんよ》、参謀《さんぼう》）が来たので、了三は陣羽織を見せてそのわけを話したところ、正風は、

「あなたは、何をもってこの手厚い待遇に報いようとされるのか。」と問うたので了三は、「法親王、必ず法衣（平服）をもって戎衣《じゅうい》（軍服）に換えられる時がもう近いであろう。そのときは、この陣羽織を着て、大いに活躍したい。これが報効の時である。」と、堅い決意を示したのであった。

仁和寺宮法親王が、征討大将軍となられるや、了三は参謀としてこの陣羽織を着て親王に従って戦いに参加している。

この陣羽織は、今どこにあるか全くわからないのはおしい限りである。

和宮の御降嫁

安政五年（一八五八）四月、彦根藩主井伊直弼《いいなおすけ》は幕府の大老職《たいろう》となった。直弼は、六月十九日、朝廷の許しを得ないでアメリカのハリスと通商条約に調印した。これに対し孝明天皇ははげしくおしかりになった。（直弼は万延元年（一八六〇）三月三日、水戸、薩摩の浪士に殺された）幕府は直弼の失政をとりなおすため朝廷に対して融和策をとり、ついに和宮《かずのみや》を十四代将軍家茂に稼がせることにした。和宮は有栖川宮《ありすがわのみや》とすでに婚約ができていたので孝明天皇はお許しにならなかったが、岩倉具視の説得で文久元年（一八六一）十月遂にお許しになり、同月二十日京都を出発し、翌十一月十四日江戸へ着かれた。

和宮のことについて、了三が弟の孔碩に送った手紙があるので、書き下しにして次にのせ

る。（原文は漢文調）

「……殊に先般から折々申しあげておりました、和宮のこと、いよいよ縁談がまとまり、すでに昨年の冬関東へ下られ、御供をした人々も当月までには京都へ帰られるやに聞いています。この上は、ただ、大平を祈るのみでございます。右縁談のことにつきましては、色いろと珍しい話もございますけれども、長くなりますので筆では書きつくせません。何れ後の便で申しあげます……。

正月廿一日

中沼了三

佐藤孔碩様」

この文の「珍談」とはどんなことなのか、その内容がわかると、史実の新しい裏付ができると思うけど、いたしかたない。とにかく、皇室の状況をよく承知していたことはこの手紙でもよくわかる。

遠謀・深慮の人

幕末における世の中は実に騒然としていて、何が起こるかわからぬ有様であった。『故六位中沼了三恩典御詮議願書』によれば、あるとき、鹿児島藩士遠武橘次（後の海軍少将遠武秀行）は、佐土原《さどわら》藩士高橋右兵衛（後、片岡新と改む）とともに、ひそかに京都の藩の屋敷

をぬけだして大和の十津川に行き、二、三の同志と相謀り、すぐに京都へ引返して了三に会っていうには、

「天下のこと実に騒然として帰するところを知らず。一日おくれれば悔を百年に残すであろう。この際、一挙に事を決し世の中を救わねばならない。ひそかに聞くところによると、仁和寺宮には、国家を救おうという志があるという。もし宮を奉じて大義を唱道すれば天下の志あるもの必ず応ずるであろう。既に、同藩士坂木六郎と相謀り、数百の郷兵は坂木の一言で動く手配ができている。十津川の有志は、先生の指揮を待ち望んでいる。願くは先生、この好機を逸せずことを起こしてほしい。」

と、説得につとめたが、了三は、

「諸君の志はまことに感服のほかはない。しかし、時機はまだ熟していない。また、大藩の力を借りなければ一敗地にまみれるであろう。草莽《そうもう》の徒、源頼政《よりまさ》となってたおるるもむしろ余栄あり。少しも惜しむに足らず。ただ、親王をして第二の高倉の宮たらしめてよいであろうか。」

と、こんこんとさとしたので、遠武、高橋の二人は、ごもっともとなっとくして立ち去った。

そのあくる日、大久保利通《としみち》は、人を了三のもとへやって次の手紙を送った。

「……中畧。弊藩遠武橘次が相談にまいったとのこと、右は重大な事なので、お取りあげにはならないとは思うが、なお、あなたのお考えを聞きたいので参上致したいと思うけど、時節柄人目をはばかることもあるので、不本意ながら私の宅までお出かけ願いたい。

……」

とあった。

了三はこの手紙を受取るや直ちに大久保利通の家へ出むき、密談し、深く意を決するところがあって大久保の家を出た。

以上のことから考えて、当時了三は各方面から注目されていたことがわかる。そして、了三は決して人にすすめられて軽はずみなことをする人ではなかった。

遠武、高橋の両人が了三をかつぎ出そうとしたのは、了三の人格識見と政治的力量とに敬服していたのと、十津川の郷士と特別な関係があったことにもよるが、それにもまして重要なことは、了三が仁和寺宮に対し学問の指導役をしていたため、宮のただならぬ信任を得ていたことから、了三を通じて宮をかつぎ出そうとしたものと思われる。

了三が決して軽はずみなことをしないのみならず、そして深く考えて先をみこした上で事を処する道に通じていたからだといえる。

漢学所の講師となる

慶応三年（一八六七）五月、朝廷において、大学建設の議が起ったので、了三は、平戸藩士楠本謙三郎（名を孚嘉、碩水又天逸と号す）と共に創立のためあらゆる力を尽くし、ようやく梶井宮邸に仮の学舎を設け、広橋、豊岡等の公卿がこれを主管することになり、明治元年（一八六八）十月、了三はその講師を命ぜられた。これが漢学所である。

その後、明治天皇が学問をお聴きになる場所が設けられると、天皇の前で、『大学』の第一章にある三綱領、即ち「大学の道は明徳《めいとく》を明らかにするにあり。民を新たにするにあり。至善《しぜん》に止《とど》まるにあり」を講じた。

一平民の身をもって、天皇に書を講じたのは、了三が初めてのことであった。

『百官履歴』という本には、「京都府士《ママ》　中沼之舜了三　己巳年（明治二年）正月廿日、漢学所御用掛を以て、侍講仰せ付けられ候に付、格別の思召を以て叙位候事、同日従六位下に叙す」（読み下し）とある。

黒船ショック（アメリカ）

日本の歴史上、最も大きな影響を与えたのは、いわゆる黒船ショックであった。即ち、嘉永六年（一八五三）六月三日、アメリカの使節水師提督ペリーが軍艦四隻、軍人五六〇余人を率いてアメリカ大統領フィルモアの教書をもって浦賀港にきたが、これは日本との修好条約と通商条約（貿易）を結ぶためであった。幕府は一大事と考え、明年返事をするといったのでペリーは一度日本を去った。ペリーは翌安政元年（一八五四）正月約束の通り再び浦賀にきて条約の調印をせまった。今まではすべて幕府の判断で事を解決していたが、このような大事件については幕府の一存ではいかなくなり、朝廷へ伺いをたてるというように幕府の威信が次第に地におちていきつつあった。この黒船ショックがいかなる意味をもつか、これが今後の歴史を再認識するための大きなポイントになると思う。

このことについて了三が当時のことを兄の参碩に送った手紙があるので、これを筆者が読み下しにして次にかかげる。（原文は漢文調）

「……さて、十二日、アメリカの船が数隻再び関東の浦賀へきましたので、関東は大変騒動しています。詳しいことはまだわかりませんけど、先年の通り、諸方の防備を厳重にするように仰せになった様子です。よって京都なども追々警備をかためるよう仰せがあるなどで、この頃は色々と評議の最中でございます。この度異国船がきたのは通商条約を結ぶためでありますが、通商条約を結ぶことができないときは必ず戦争になる形勢がみえます。昨年来、日本にきた外国の船をみましても、軍艦に多くの兵器を積んでおり、いつでも一戦を交え猛威を振わんばかりの勢いをみせていますので甚だむつかしい有様になりました。これは関東（幕府）の扱い方如何にかかっています。これで、ほぼ事情がおわかりになったことと思います……。

正月廿二日

中沼了三

中沼参碩様侍史」

この手紙は嘉永七年（一八五四）正月十六日、再びペリーが来た時のものであるが、これによっても、了三は当時の国家的な危機の有様をよく知っていたと思われる。

当時、国民の間にはやった狂歌に

「大平の眠りをさます上喜撰《じょうきせん》（蒸気船）

たった四はい（四隻）で夜も眠れず」

というのがあるが、帆船しか知らなかった日本へ蒸気船がきたのだから、このショックは大きく西洋の科学文明のすさまじさにびっくり仰天したのは当然のことであった。

この黒船ショックにより、日本が西洋文化を取り入れなくてはならぬという国家の基本的方向がきまり、明治維新に引きつがれて明治国家が成立するのである。

この明治新政府の方針に対し、了三が批判を加え、新政府要人と激論して明治三年（一八七〇）十二月辞表を出すのであるが、了三が果たしてどんな点で激論したかは知る資料がないが、辞表を出す（明治天皇の侍講職を辞する）心境は、ほぼ察しがつく。

今日、この点が日本の歴史家や教育史家の間で取りあげられている。それは明治政府が日本に昔からあった大事なもの（学問その他）を捨て去ったことに対する反省が出ていることは注目すべきことである。

十津川へ難を避ける

幕末におけるわが国は、内外共に難問題をかかえ、騒然たる有様であった。このような状勢の中にあって、了三の熱烈な皇室尊重や大義名分論の主張と活動とは幕府の眼にふれないわけにはいかなかった。即ち幕府にとって了三の存在は目の上のこぶであった。

当時、京都の書店の主人に西川太助（耕蔵《こうぞう》）という人があった。勤王の志が厚く了三と親交があったので、了三も太助を子弟の如く愛していた。太助が池田屋騒動（京都）に加わっていたので幕府の嫌疑を受けて獄につながれ取り調べをうけたとき、太助の言が不用意にも了三のことにふれたので、幕府の眼はいよいよきびしくなり、了三に対する警戒が一層強くなった。

京都に津の藩士で立川実斎という人があった。鈴木遺音の没後了三に師事し、了三を父のように敬い慕っていた。慶応三年（一八六七）のある夜、実斎があわただしく了三のもとへはせつけていうには、

「先生、先生、幕府は今先生を捕えようとしています。今のうちに一刻も早く姿をかくされないとあぶないです。」

と、急を告げた。これは、当日、幕府の要職にあった会津、桑名の二藩及び昔から幕府に仕えていた津藩の兵士たちが二条城で秘密会議を開いていた際、話がたまたま了三のことに及び、了三を捕えて獄に投じようということに意見が一致したので、その席にいた実斎は、恩師了三の一大事とひそかに席をぬけ出して了三のもとへかけつけ、そのわけを知らせたのであった。時は既に夜半であり、しかも寝耳に水というこの急報にさすがの了三もおどろいたが、しかし、今後国家のためになさねばならぬ重大なことがあるので空しく捕えられるべきではないと判断し、意を決して直ちに三男の璉三郎をつれて京都の十津川駐屯所へ立ちより、

ことのわけを話し、しばらく難を十津川にさけるからよろしく頼むと告げたので、駐屯所の郷士たちはびっくりし、大恩人である先生の一大事だというので、すぐに警吏数名をつけて護衛し、十津川へ難をさけた。果たして翌日、幕府の役人数十人が了三の家を取り囲んで探したが、もぬけのからであったため、空しく引きあげた。

十津川に身をかくしていた了三は、郷党の子弟の教育に当たっていたが、幕府はしつこく刺客を送って了三の身辺をねらっていたので危険は刻々つのるばかりであった。この形勢をみて了三と親交のあった西郷隆盛は、わざわざ弟の西郷信吾（従道）を十津川へやり、

「もはや京都へ帰られた方が安全であろうから早く帰られたがよい。」

とすすめたので、とくと考えた末、その厚意を受け入れてひそかに十津川をぬけ出し、奈良から伏見へたどりついた。丁度その時、たまたま京都から十津川の了三のもとへかけつけるための使者十津川の郷士某に出会った。その使者は、徳川慶喜が大政を奉還したという大事件を了三に知らせるためであった。即ち慶応三年（一八六七）十月十四日、征夷大将軍徳川慶喜が国内の様子を察し、大政奉還の上奏文を朝廷へ出したことであった。

この快報に接した了三は皆と手を打って快哉を叫び、喜び勇んで京都へ入った。

徳川幕府、政権を朝廷へ返す

当時国内では、幕府側と討幕派の対立がひどい上に、諸外国の勢力が入りこんでくるとど

うなるかわからないという危機に臨んでいたので、土佐の坂本龍馬や後藤象二郎《しょうじろう》らが前藩主山内容堂《ようどう》（豊信《とよしげ》）を説いて徳川幕府に政権を朝廷へ返すことを進言した。そこで豊信は、後藤象二郎を二条城にいる第十五代将軍徳川慶喜のもとへ走らせ、大政奉還の建白書を出すよう勧めた。慶喜は時代の動きを察知して十月十三日、重臣を集めて大政奉還の決意を示していたので、豊信の言をいれて十四日に上奏文を朝廷へ出した。朝廷ではすぐにこれを受け入れ、十五日に慶喜を宮中にお呼びになって、何分の指示があるまで待つようにとのことであった。

第三章

明治新政府の参与となる

慶応三年十二月九日、十五歳の若い明治天皇は、学問所において岩倉具視を始め、親王、公卿、薩摩、尾張、越前、土佐等の諸侯を召して王政復古の大号令を宣言され、続いて今までの官職をやめ、新たに、総裁《そうさい》（皇族）、議定《ぎじょう》（公卿、諸侯）、参与《さんよ》（廷臣、藩士、庶人）の三職《さんしょく》をおいて、国家の大事を司ることになった。

総裁には、有栖川宮《ありすがわのみや》熾仁《たるひと》親王、議定には、仁和寺宮《にんなじのみや》嘉彰《よしあきら》親王（後の小松宮）、山階宮《やましなのみや》晃《あきら》親王、松平春嶽《しゅんがく》、中山忠能《ただやす》、正親町三条《おおぎまちさんじょう》実愛《さねなる》、徳川慶勝《よしかつ》、山内豊信等の親王、公卿、諸侯、参与には、岩倉具視、大原重徳《しげとみ》、一日おくれて西園寺公望がなっている。ほかに、尾張、薩摩、土佐等の五藩からも参与を出すことになり、西郷隆盛、大久保利通、後藤象二郎も加っている。参与には、一般人の中の有能な人物を用い、萬里小路《までのこうじ》右大弁宰相《うだいべんさいしょう》、長谷《ながたに》三位、橋本少将、横井小楠《しょうなん》も加えられ、了三も抜てきされて参与の要職についた。時に、慶応三年十二月のことである。

鳥羽・伏見の戦に出陣

大政が奉還されたとはいえ、旧幕臣の中には内心おだやかならぬ者も多数いた。中には朝廷に対し反旗をひるがえさないとも計りがたい勢いをみせる者もあった。旧幕府の居城である京都二条城の内外には、会津、桑名等の藩士を始め、徳川旗本の藩士等がどっとつめかけておだやかならぬ形勢であった。

徳川慶喜は、二条城の中で天下の形勢がおちつくようにと願っていたが、そこへ議定の徳川慶勝、松平慶永《よしなが》（春嶽）がかけつけて、朝廷の御前会議の結果を伝えた。その内容は、

「将軍職の辞退は勿論、その上、内大臣を辞し、位記正二位を返上した上、領土をすべて返上せよ」

というのであった。そこで慶喜は、

「今、城中にあってはとかく多くの兵士たちの感情が高ぶっているので、万一のことがあってては相すまない。どうか、官位を辞し、領土を返上することだけはしばらくおまち願いたい。遠からず城中をしずめて朝廷の命令を奉ずるであろう。」

と苦しい心中を訴え、これが取計らいを両人にたのむとともに、一方城中の主な藩士を集めて軽々しく事を起こさないようにといましめ、会津、桑名の両藩士にはすぐに帰国するように命ずるなど、百方手をつくしたが、彼等は容易に静まらず、おだやかならぬ空気はますばかりなので、慶喜はその対策に苦しんでいるところへ、尾張侯（徳川慶勝）から、

「一度、大坂へ退いて人心の静まるのをまってから速やかに位記や領土の返上を申し出たがよいではないか。」

との忠言があったので、これを受け入れ、夜半、裏門から城をぬけ出して大坂城へうつった。

一方京都では、薩摩、長州の兵士たちの中には、慶喜の心中も知らないで、この際一挙に慶喜討つべしとの強硬派もいた。

江戸では、慶応三年十二月二十三日、江戸城二の丸が焼けたので、調査した結果、犯人は、薩摩屋敷へ出入りする浪人とわかり、犯人をかくまっていた薩摩藩に対し、犯人の引渡しを要求したが、薩摩藩はこれに応じないのみならず、老中《ろうじゅう》取締役酒井家に発砲するなどの暴挙をあえてしたので、旧幕府は庄内藩に命じ、二十四日夜半、薩摩屋敷にせまり火をつけて焼きはらった。

このことが大坂城にとどいたのが十二月二十八日である。大坂城は蜂の巣をつついたようにわきかえった。

慶喜はもはやこれをおさえきれず、辞官、納土を上奏するため上京の準備をしていたが、旧幕府勢は、慶喜を大坂城に残したまま、行動を始めた。旧幕府の大目付《おおめつけ》滝川具挙《ともあき》は、「討薩の表」（憎むべき薩摩藩は幼帝をおしたてて勝手なことをするのは不都合である。速やかに討つべし）をもっていた。慶応四年（一八六八）一月一日のことである。

同年一月二日、北上した旧幕府側の会津藩や旧幕府兵は京都伏見まで進み、一部は京都鳥羽橋へ向かい残りは淀《よど》に宿営していた。旧幕府軍は総勢一万五千、薩摩、長州の兵は合わせて約五千で、数からいえば、旧幕府軍は三倍の兵力であった。

旧幕府勢の上京を知った朝廷では、伏見方面と鳥羽方面に兵を二分し、伏見方面には薩・長・土の兵士が向かい、鳥羽方面には彦根、西大寺の両藩兵が向かった。

一月三日朝、旧幕府の大目付滝川具挙は、鳥羽街道を北上し、京都へ攻め入ろうとしたので薩摩兵との間に戦いが開始された。これが世にいう「戊辰戦争」の始まりである。

征討大将軍宮の参謀となる

このようなさしせまった様子を心配していた了三は、一月三日意を決して、大久保利通とともに、新政府の議定、仁和寺宮嘉彰親王を征討大将軍にすすめ奉った。同日、仁和寺宮は、明治天皇から、軍事総督の大命を受けられたので、参与である了三は、東久世《ひがしくぜ》少将、烏丸《からすまる》侍従、高崎左京（正風）矢《や》守対馬守《もりつしまのかみ》等と共に参謀となった。そこで大将軍の宮は、同夜すぐに御里坊《みさとぼう》において軍議をお開きになった。その間の事情を『錦之御旗《にしきのみはた》』（明治四十年九月十三日、保勲会発行）には次のように書かれている。（原文を読み下しにしたもの）

「三日、午後七時、仁和寺宮嘉彰親王は朝廷において軍事総督の命を受けられ、諸大名の中の、松平大蔵大輔慶永、伊達伊予守等とお会いになり、此夜、会議を開くことを約束された。そこで約束のように、議定松平大蔵大輔、同山

↑
（了三）仁和寺宮御里坊における軍事会議

内前土佐守豊信、同伊達伊予守、参与後藤象二郎、参謀高崎正風、同中沼了三、矢守対馬守平好《ひらよし》等の七人により親王の御前で軍事会議が開かれた。仁和寺宮は、新たに征討大将軍の命を受けられたので、沢瀉威《おもだかおどし》の甲《よろい》を着られ、虎の皮の尻鞘《しりさや》をかけた太刀をさし、木賊《とくさ》に月の前立のある兜《かぶと》を、甲箱《よろいばこ》の上に置き、御髪《かみ》はまだ結ぶまでにのびておらず、右手に軍扇《せん》をもち、威容《いよう》厳然としてこしかけにかけられ、軍議をお開きになった。」

とある。

軍議の結果、軍の準備が十分でないので、ここに止って軍備を整えようとの説も出たが、大久保利通は、兵を鳥羽伏見へまわすことができると説明したので、すぐ軍を進めることになった。前記『錦之御旗』によると、

「慶応四年、戊辰正月四日、征討大将軍嘉彰親王は東寺に陣を取られた。……始め、鳥羽伏見において戦が始ったのは、両道を守っていた薩・長二藩の兵士が、旧幕府軍の京都へ攻め入るのを止めようとしたことから起こったものであった。これは臨機の処置によるものであって、まだ、官軍の出征とみなすことはできない。すでに大将軍宮が、錦旗《きんき》、節刀《せっとう》を明治天皇から

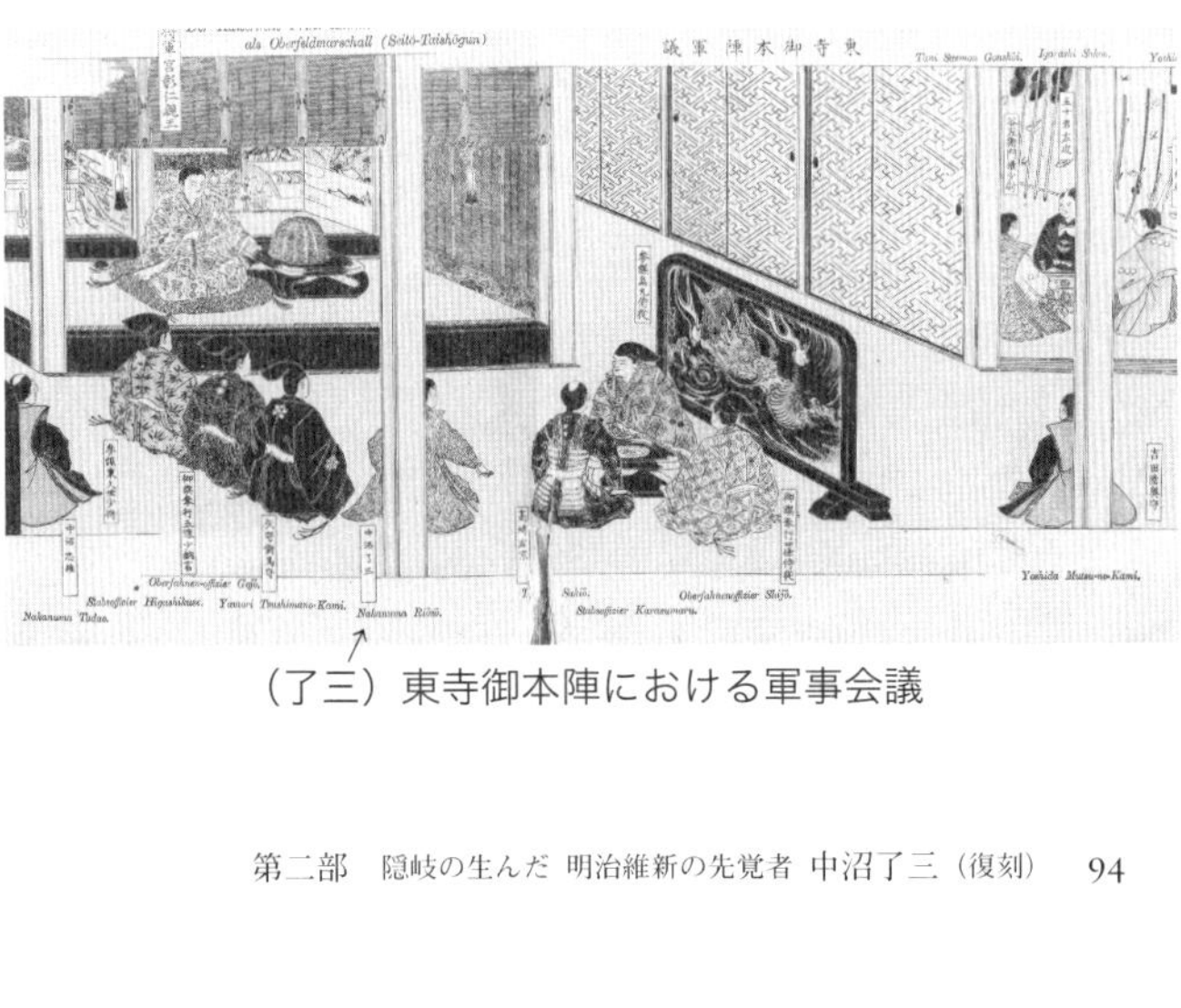

（了三）東寺御本陣における軍事会議

受けられて初めて征討ということが正式にきまったので、この夜の東寺《とうじ》こそ、正に征討の第一陣営となった。陣中においては、参謀、東久世通禧《みちとみ》、同烏丸侍従光徳《みつえ》……新参謀、高崎左京正風、矢守対馬守平好、**中沼了三**の三人は共に大将軍の前に列席して軍議が開かれた。その結果、軍備がまだ整っていない。即ち、僅かに薩州の山口金之進のひきいる半隊と、芸州兵が若干あるのみなので、ここにとどまって軍備をととのえるようとの議も出たが、ついに明日軍を進めることに決定した。」（読み下し）

とある。

四日、仁和寺宮嘉彰親王は征討大将軍の命を受けられた。前記『錦之御旗』によると、

「四日、十一時頃、仁和寺宮嘉彰親王に征討大将軍の命令が下る。御学問所の前で節刀（天皇から大将軍にたまわった刀）をお受けになった。明治天皇は、白の直衣《のうし》（昔の服）に緋《ひ》（赤）のはかまをつけて、すだれの向うにおすわりになり、総裁有栖川宮、議定三条実美《さねとみ》、同岩倉具視、……以下の諸卿は左右にすわり、天皇は節刀を自ら大将軍宮にお授けになった。……征討大将軍旗と、軍事参謀旗の二本の旗をかかげて宜秋門《ぎしゅうもん》からお出ましになった。……錦の御旗（大将軍旗のこと）がきらきらと日に輝き、薩州隊長山口金之進は藩兵半小隊を引連れて第一列に進み出て先兵となり、参謀には、東久世少将通禧、烏丸侍従光徳、矢守対馬守平好、高崎左京正風、**中沼了三**、御旗奉行には、四条前侍従隆謌《たかうた》、……御旗奉行下役には、春山弥兵衛、……**中沼忠雄**（了三の長男清蔵）……前後を守り、午後三時頃東寺におつきになり、その夜は、寺の菩提院でお泊まりになった。」（読み下し）と、ある。

四日は、朝から霧がこんでほとんど視界がきかなかったが、戦は下鳥羽から富の森方面で始った。旧幕府勢は旗色が悪くなったので、夕方には、淀城において薩摩軍を食い止めようと淀藩に入城許可を求めたが、淀藩はこれをことわるとともに逆に門を開いて薩摩軍を城中に入れた。これは、淀藩が旧幕府軍の敗戦を見抜いてすばやく、官軍に味方すべく転身したためであった。旧幕府軍は止むなく八幡橋本方面へ逃げた。

五日も、戦は続けられ、淀の第一線まで進められた。官軍は、仁和寺宮征討大将軍の錦の御旗に勢を得、反面旧幕府軍は朝廷の敵となるようなはめになり戦意を失うに至った。

この戦で、敵味方ともに相当の死傷者を出したので、大将軍宮は、薩州の負傷兵が戸板に乗せられて、上鳥羽の病院へ運ばれるのを慰問された。負傷兵は、感きわまって泣いたという。

戊辰戦争に出陣の中沼了三

この戦には、了三と共に、長男忠雄（清蔵）と、三男の璉三郎とが、大将軍の兵列に加わって護衛している。

六日には、薩長軍が敵を追って橋本の陣地を攻めようとしたが、この時、旧幕府軍で山崎を守っていた津藩の藤堂軍が、にわかに態度をかえて、旧幕府軍に砲火をあびせ、朝廷に味方したので、旧幕府軍はあわてふためいているところへ、本道から進んだ官軍は、得たりとばかり攻め入ったので旧幕府軍は総崩れとなって退いた。

大将軍宮は、錦旗を伏見方面へ進められ、淀城をうばって城へお入りになった。先兵は大坂城へ向かって進んだので、旧幕府軍は先を争って大坂城へ逃げていった。

徳川慶喜大坂より江戸へ帰る

六日夕方、慶喜は、重臣達を大坂城の大広間に集めて対策をねっていた。城中では再挙を図るべく戦を進めようという空気が強かったので、これを心配した慶喜は、大坂城を尾張、越前の両藩にまかせ、会津、桑名の両藩主及び老中板倉勝静《かつきよ》らを従えて六日夜江戸へ帰ることを決意し、通船の用意を命じようとしていた。そこへ、会津藩士神保修理《じんぼしゅり》が藩主松平容保《かたもり》に会って、

「ことここに至ってはもはやいたしかたない。故に、兵を収めて謹慎し、朝廷の命令をまつがよい」

と進言したが、兵士たちはこれをききいれず、おだやかならぬ空気が強いので、慶喜は遂に大目付役を諸軍の所へ走らせ、早く大坂を退くよう命ずると共に、夜十時頃八軒屋より苫船に乗り、大坂湾にいたアメリカ軍艦イロクォイス号で一夜を明かし、七日朝、旧幕府軍艦開《かい》陽《よう》艦に乗り移り、八日夜、江戸へ向かった。途中暴風にあい、八丈島の北方まで流されたが、

十一日、品川に着いた。

薩摩藩士吉井友実《ともざね》、長州藩士山田顕義《あきよし》の両人は、慶喜が江戸へ帰ったことを、仁和寺宮大将軍に知らせたが、その席に了三も参列している。

一般の旧幕府兵は慶喜が江戸へ帰ったのを知り、主人のいない大坂城をすててわれ先にと逃げ出してしまった。

征討大将軍淀城へ入城

この戦において、征討大将軍仁和寺宮は、時どき、敵の弾丸が、宮の錦の御旗をつらぬき、また、着衣をかすめるというような危険なこともあったが、宮は、終始落着いて冷静に戦局を判断され、適切な軍の処置をおとりになった。旧幕府軍はまもなくしりぞいたので、宮は東寺を出発して十時頃淀城へお着きになった。

淀城にて『靖献遺言』を講義す

征討大将軍仁和寺宮は、戦いの中においても学問をやめられなかった。即ち、淀城において、参謀である了三に命じ、書物の講義をさせられた。よって了三は、宮の御前で『靖献《せいけん》遺言《いげん》』の中の「前出師表《ぜんすいしのひょう》」の講義を申しあげた。『靖献遺言』は、浅見絅斎が心血を注いで

七《しち》は、大坂へ攻め入るべきであるということを進言した。よって、西郷隆盛、大久保利通等と相談して大坂へ軍を進めることになった。この軍議の席には、参謀東久世通禧、同矢守対馬守、同了三、同烏丸侍従らも列席している。

征討大将軍宮は、兵を進めて大坂城へお入りになり、一般庶民の人心を安定するために努力されたので、一応、平静になり人心も安定した。よって二十七日、勅使《ちょくし》石山右兵衛権佐《うひょうえごんのすけ》は大坂城に出向いて大将軍宮に対し、

「今後の対策をたてるため、軍議を開く必要があるので京都へ一旦お帰りになるように。」

と、天皇の命令を伝えたので、二十八日、宮は京都へお帰りになった。

和歌山城の受城使となる

京坂地方はほとんど平静になった。そこで、和歌山藩（紀州）と高松藩とは朝廷に服することを誓ったので、この両方の城を受取ることになった。よって、了三は和歌山城へ、大山《おおやま》綱良《つなよし》は高松城へそれぞれ受城使《じゅじょうし》として出向くことになった。

大山は、出発に際し、了三に向かって、

「あなたは、何日間で受城使の役目を果される考えか。」

と、問うたので、了三は、

「あなたは、何日で使命を果たす考えか。」

と問い返したところ、大山は、

「まさに、十日間で使命を果たす考えである。」

と。了三は、

「よろしい。私もまた同じく十日をもってすべてのことをなしとげよう。」

と。


二人とも大坂を発し、了三は和歌山へ、大山は高松へと向かった。了三は、予言したように十日をもって和歌山城を受け取り、武器も納めて無事任務を完了して京都へ帰り、その状況をくわしく報告した。

『錦之御旗』によると、

「一月十五日。大将軍宮は、堺を巡視され十六日、参謀烏丸光徳、同中沼了三をして大和地方を鎮定せしめられた。……二十一日、大将軍宮は、大坂城を巡視さる。二十三日大将軍宮は、さらに、陸海軍総督を命ぜられた。……二十七日、勅使石山右兵衛権佐は大坂へ来て、東征のための大軍事会議を開くので京都へ帰られるようにとの天皇の命令を伝えた。……二十八日、大将軍宮は、大坂を出発して舟で京都へお帰りになった。……即日、天皇にお目にかかり、前にいただいた錦旗と節刀をお返しになった。天皇の前で総裁、議定、参与の三職も列席しているところで、宮は、征討の様子を詳しく御報告になった。」（読み下し）と。

有栖川宮、東征大総督に任ぜらる

慶喜が江戸へ帰った後も、各藩の中には、勤王か、佐幕か、どちらを選ぶかで血なまぐさい論争が続いていた。

新政府は、各地の叛乱にそなえて、全国各地へ鎮撫使を出していたが、正月四日には、山陰道鎮撫使として西園寺公望が任命された。

新政府は、世の中の安全を図るため、江戸を始め、東国を鎮圧しようと、いよいよ東征軍の編成にとりかかった。

二月九日に至り、有栖川宮熾仁親王に東征大総督《とうせいだいそうとく》の任命が下った。参謀は、正親町公董《おおぎまちきんただ》（公卿）、西四辻公業《にしよつつじきみなり・きんなり》（公卿）、広沢真臣《さねおみ》（長州）である。広沢が十二日辞退したので、西郷隆盛（薩摩）、林通顕《みちあき》（宇和島）が参謀となった。

東征軍は、薩長の藩兵を主とし、鳥羽、伏見の戦で朝廷側についた藩兵によって編成された。

二月十五日、有栖川宮熾仁親王は天皇より錦旗、節刀を受けられ、直ちに京都を出発された。三月五日、静岡にお着きになり、同月十五日をもって、江戸城総攻撃の日ときめられた。

これから、西郷隆盛と勝海舟《かつかいしゅう》の活躍が始まる。即ち、二人の会談によって江戸全市を兵火から救い、無事江戸開城という大ドラマが展開するのである。

勝海舟は

「西郷に及ぶことのできないのは、その大胆識と大誠意とにあるのだ。おれの一言を信じて、たった一人で、江戸城に乗り込む。おれだって、ことに処して、多少の権謀を用いないこともないが、ただ、西郷の至誠は、おれをして、あい斯《あざむ》くことができなかった。この時に際して浅略を事とするのはかえってこの人のために、はらわたを見すかされるばかりだと思って、おれも至誠をもって応じたから、江戸城受け渡しも、あのとおり、立ち話の間にすんだのさ。」と。

了三と「都風流節」「トコトンヤレ節」

筆者が了三の顕彰碑除幕式（昭和五十一年（一九七六）十一月三日）の際、赤沼宏から「宮さん宮さんお馬の前でヒラヒラするのは何じゃいな、という唄は、了三先生の作だといわれているが本当か」と聞かれて、これは全くの初耳。赤沼によれば、これは西郷町の旧家池田武文氏（小仲）から聞いたとのことである。

トコトンヤレ節

一、宮さん、宮さん、お馬の前に
ひらひらするのは何じゃいな
トコトンヤレ、トンヤレナ
あれは朝敵征伐せよとの

錦の御旗じゃ知らないか
トコトンヤレ　トンヤレナ

二、国を追うのも　人を殺すも
たれも本意じゃ　ないけれど
トコトンヤレ　トンヤレナ
薩長《さっちょう》土肥《どひ》の先手に
手向いするゆえに
トコトンヤレ　トンヤレナ

三、雨の降るよな　鉄砲の玉の
来るなかに、
トコトンヤレ　トンヤレナ
いのち惜しまず　魁《さきがけ》するのも
みんな　お主《ぬし》のためゆえじゃ
トコトンヤレ　トンヤレナ

四、一天万乗の帝《みかど》に手向かい
する奴を
トコトンヤレ　トンヤレナ
ねらい外さず　どんどん撃ちだす

薩長土肥
トコトンヤレ　トンヤレナ

一、二、三は、園田三郎編『日本歌謡集』より、四は、田中全、田中三夫両氏の記憶によるものである。これは、慶応四年（一八六八）二月十五日、有栖川宮熾仁親王が東征大総督として錦の御旗をおしたてて江戸へ進撃を開始されたとき、行進曲トコトンヤレ節に歩調を合わせて進軍したという。

この作者は長州藩の品川弥二郎《やじろう》であると伝えられているので、了三の作ではない。しかしこのことは、了三と交りのあった隠岐の人たちが京都で見聞したものを持ち帰ったと思うので、これを了三作と伝えられたのではあるまいか。

このトンヤレ節は他にも同じような歌詞のものがあるが、一番のみは皆同じであるのも面白い。このメロディの軽快さが一般庶民にうけて、広がったのだという。

文と武の両道に通ず

もともと、了三は漢学者であった。世の中の通念としては、学者といえば、世間のことにうとく、現実の問題を処理することは不得手であるというのが定説である。だが、了三の学問はそうではなく、深い学理を現実の具体的問題に即して処理していくという活きた学問ともいうべきもので、問題提起と問題処理の二面をもっていた。

明治維新前後の日本は、世の中が全く混乱し、外からは欧米の強国がしきりに日本に対して圧力をかけ、貿易の対象にして利益を得ようとたくらみ、あるいは、日本を自分の国の植民地にしようとして色々な手を使って難問題をもちかけ、内にあっては、尊王討幕派と佐幕派に分かれて対立がひどくなり、国論が分裂して実に容易ならざる危険な有様であった。このようなときには、時勢を見ぬくするどい力（先見）と、現実の具体的問題を処理する力とを兼ね備えた人物が政府当局には必要であったのであろう。

幕府が倒れ、新政府ができるや了三は一平民としての漢学者から、直ちに「参与」という要職につき、続いて、征討大将軍仁和寺宮の「参謀」となって明治維新建設のため活躍したということは、了三のような人物を時代が要求していたということができる。了三はいわゆる軍事専門家としてではなく、また単なる政治家でもなく、政略と軍略の二つを兼ね備えていたといえないだろうか。

第四章

明治天皇東京へ移らる

西郷隆盛と勝海舟の偉大な力によって江戸は、戦火を交えることなくして平和のうちに開放されたのはよかったが、江戸百万の住民は食べ物がなく不安にかられていた。

京都では、徳川三百年の幕府が京都を圧迫し続けてきたことに対し、江戸の名称をそのままにしておくことは心情が許さなかった。そこで七月十三日に、江戸を東京と改めるという天皇の詔勅が出されたので、江戸は東京と改められた。

明治天皇は、明治元年（一八六八）九月二十日、官人外二千人をつれて京都を出発、十月十三日、江戸へお着きになった。同日、江戸城を東京城と改められた。

十二月八日には東京をたって一度京都へ帰られたのが同月二十二日であった。

京都では、日本全国を治めるのには西に片よっているということもあるが、しかし都を江戸へ移すことは反対であった。それをおしきって東京行幸ということになった。東京へ都を移すことを進言したのは大久保利通始め諸藩出身の実力者であった。そこで、三月七日、再び官人外三千人とともに京都を出発して東京に向かわれた。東海道の各地をへて、三月二十八日正午、再び東京城にお入りになった。

（この時、大坂へ都を移す案も出ていた。）

明治天皇の侍講となる

了三は、明治二年（一八六九）正月二十日、明治天皇の侍講（天皇のそばに奉仕して書物を講義すること）となった。

『明治天皇紀』第二（宮内省臨時帝室編修局編集）によると

「正月二十日、皇学所《こうがくしょ》御用掛平田大角《ひらただいがく》・漢学所《かんがくしょ》御用掛中沼了三之舜をして侍講を兼ねしめ、特旨を以て大角を従六位上に、了三を従六位下に叙す」『太政官《だじょうかん》日誌』、『辨事日記』

とある。

了三は、自分の全生命をかけてこの大任を完うすべく一大決心をし、毎朝早く起き、身を清めて後朝廷へ出勤し、天皇に講義を申しあげた。朝廷に差支えのない限り、いかなることがあっても寒さ暑さをいとわず、一日も講義を欠いたことはなかった。

了三の講義は、四書に始まり、『詩経』、『大学衍義』に及んでいる。この席には、北白川宮智成《さとなり》親王も天皇のおそばで熱心におききになった。

講義が終ると、了三は、北白川邸へ伺い、再び講義を続けた。

了三の講義した本は、筆者が昭和十六年（一九四一）八月四日、明治神宮宝物殿を参観したとき、陳列してあったが、その説明書には、

「五経　右ノ内詩経ハ明治二年正月侍読《じとう》中沼了三始メテ進講セシモノナリ」

と、あった。この『明治神宮宝物写真帖』は、今筆者が保存している。同じ場所に、津和野

出身の福羽美静《ふくばびせい・よししず》が講義した、『古事記』等も陳列してあったが、美静は了三より後れて、明治二年（一八六九）四月九日侍講となっている。了三や美静が島根県出身者であることを知っている人は少ない。

明治天皇が東京へ移られると、了三も天皇とともに東京へ出た。天皇が東京へ着かれたのは明治二年三月二十八日なので、東京における了三の講義は、この時から再び続けられた。

註

四書―『大学』『中庸』『論語』『孟子』（中国の古典）をいう。

詩経―中国の『五経』の中の一つで、四方の詩を集め、政治の得失を知るために重要な書である。

『百官履歴』によると、「京都府士《ママ》　中沼之舜了三　己巳年（明治二年）正月廿日　漢学所御用掛ヲ以侍講被仰付候ニ付格別ノ思召ヲ以テ叙位候事○同日　叙従六位下」とある。

隠岐西郷町釜《かま》の故佐々木章《あきら》宅（元公聞所）に『御役鑑』という和とじ本がある。これには、実に多くの官職名がのせてあるが、その一部をかかげると、

「議定官議定　江戸在勤　称転法輪　三十二　三条右大臣実美卿　兼左大将　御領四百六十九石余　梨本町

軍務官　知官事　二十三　仁和寺兵部卿　御領千五百二石余　洛西御室

東京府　鎮台　三十二　有栖川宮大総督宮　御領千石　南御門前」

これは、明治新政府ができた時の役職名であると思われるが、この本の中に、了三が出ている。即ち、

「御講釈日二七　二ノ日論語　七ノ日大学　御読書毎日　講説師中沼了三」とある。（『御役鑑』の発行年月日は不明である）

明治天皇侍講日記

『明治天皇紀』第二（昭和四十四年三月三十一日、宮内省著作権、吉川弘文館発行）により、了三の侍講日記を次に記す。

（了三は、明治二年一月二十日、明治天皇の侍講を拝命）

記

一、明治二年

1、正月

二十日　漢学所御用掛中沼了三之舜をして侍講を兼ねしめ、特旨を以て……了三を従六位下に叙す

二十三日　午の刻過小御所《こごしょ》に出御《しゅつぎょ》、御講書始《ごこうしょはじめ》の儀を行はせらる……漢学所御用掛中沼了三は論語を進講す

（明治二年三月二十八日、明治天皇、再び東京着）

2、四月

十二日　御講学の日課を改め、二・七の日は辰の半刻より詩経講義を侍講中沼了三に、……四・九の日は辰の半刻より詩経御稽古並びに御復読あり、午の半刻より大学講義を了三に奉仕せしめられ、五・十の日は辰の半刻より詩経御稽古並びに御復読あり

十四日　午の刻過より侍講中沼了三をして大学を進講せしめらる

3、五月

二日　卯の半刻御学問所代に出御、侍講中沼了三をして詩経を進講せしめたまふ

三日　侍読秋月種樹《たねたつ》病のために参仕を欠くを以て、了三をして代りて御復読に候せしめ

四日　了三出仕、辰の半刻より詩経御復読に候し、午の半刻より大学を進講す

六日　種樹姑《しばら》く参仕を欠くを以て、復《また》了三をして之に代りて読書御用を仰付けらる

七日　詩経の進講例の如く、午の半刻より資治通鑑を進講せしめたまふ、資治通鑑の進講は、了三、種樹に代りて奉仕せるなり

十四日　詩経の御復読あり、侍講中沼了三之れに侍す、次いで了三をして大学を進講せしめらる

十五日　詩経の御復読には中沼了三

十七日　侍講中沼了三をして詩経を、更に侍読秋月種樹に代りて資治通鑑を進講せし

め、又大学既に終講せるを以て爾後《じご》孟子を進講せしめたまふ
十九日　卯の半刻了三参仕例の如く、詩経の御復読等に候す
二十日　侍講中沼了三を召して詩経を復読あらせらるゝこと例の如く……
二十二日　了三の詩経進講あり、近習・内番等に陪聴《ばいちょう》せしめらる
二十三日　詩経の御復読例の如く、未の刻貞観政要を親読あらせらる。了三之れに候す
二十四日　詩経の御復読あり、次いで孟子を進講せしめたまふ、了三奉仕す
二十七日　辰の刻より了三をして詩経を……進講せしめたまふ
二十八日　辰の刻詩経の御復読あり、畢《おわ》りて貞観政要を親読あらせらる、了三参仕し、前大蔵卿豊岡随資陪侍《よりしげばいじ》す

4、六月

二日　侍講中沼了三をして詩経を……進講せしめたまふ
三日　了三御復読に……参仕す
四日　御復読あり、畢りて直に了三をして孟子を進講せしめたまふ。孟子の進講は午の刻過にあるを例とせるも、天皇、了三をして徒《いたず》らに時を待たしむるを憐み、此の命ありしなり
五日　種樹参仕を欠くを以て、了三をして代りて御復読に奉仕せしめらる
七日　了三御進講を奉仕し
八日　亦了三参仕し、午の刻過親読あらせられ、近習・内番陪侍す

九日　了三参仕す
十日　種樹忌を服し参仕せざるに因り、了三、復代りて候し
十二日　了三……出仕す
十三日　了三御復読に参仕し
十四日　亦同じ
十九日　御復読の後、了三孟子を進講す
二十日　了三の詩経進講あり
二十三日　了三参仕すること例の如く
二十四日　亦同じ
二十五日　了三……参仕す
二十八日　御復読あり、次いで了三孟子を進講し
三十日　了三……参仕す

5、七月

四日　御復読あり、侍講中沼了三参仕す
五日　辰の半刻了三参仕し、又午の刻過国史の進講あり

二、明治三年

1、正月

二十三日　御講釈始を行はせらる、巳の刻小御所代に出御……侍講中沼了三をして漢

書を進講せしめたまふ

2、三月

二日　辰の刻読書あらせられ、侍講中沼了三奉仕す

五日　辰の刻より了三……奉仕し

八日・九日・十日・十二日　了三御読書に候し、或は進講を奉仕す

十四日　是の日より春秋左氏伝の御復読あり、了三之れに候す

十五日　了三進講を奉仕し

十八日　亦御読書・進講を候す

二十三日・三十日　了三進講を奉仕し

以上本月中の御講学十五日に亙《わた》り、了三の参仕多くは辰の刻なり。又内番萬里小路通房《みちふさ》、石野基将、唐橋在正《ありさだ》等陪侍するを例とす

3、四月、

三日　辰の刻より読書あらせられ、午後御講釈あり、共に侍講中沼了三奉仕す

九日・十二日・十五日・二十三日・二十九日　了三参仕す

4、五月

二日　午前読書あらせられ、侍講中沼了三之れに候す

八日・九日・十日・十三日・十九日・二十三日・二十四日・二十七日・三十日　了三御読書に候し、或は進講に奉仕し、二十三日亦御復読に候す

5、六月

二日　御読書並びに十八史略の進講あり、了三及び慶永・種樹等の参仕すること例の如し　爾後、三日・八日・九日・十二日・十三日・十五日・十九日、了三御読書或は進講に候し……（七月四日、智成親王の請を聴し、東京に於て勤学せしめ、神祇少福羽美静を皇学、侍講中沼了三を漢学の師範たらしめたまふ）

（了三は、明治三年十二月十三日辞表を出して後、出仕しなかった）

三、明治四年

1、四月

十三日　宮内大丞従五位小河一敏・侍読正六位中沼了三を罷め、且位記返上を命ず、是れより先去月二十二日、二人不逞の徒に党すとの嫌疑あり、一敏を鳥取藩に、了三を鹿児島藩に拘置せしむ、尋いで一敏を親類預と為し、又了三をして本籍地たる京都府に復帰せしめ、府外出行を禁ず、翌五年七月に至りて了三を赦す

2、六月

四日　御講学の定日なり、宮内省出仕元田永孚《もとだながさね》、前侍読中沼了三進講の後を継ぎて論語公冶長《こうやちょう》首章を進講す

了三の侍講日記は、『明治天皇紀』（第二）によれば明治三年（一八七〇）六月で終わっている。これは、了三が新政府の方針と意見がくいちがい、政府要人との間にみぞができたので、出仕ができなかったのかもしれない。明治三年の末頃、了三は、がまんできなくなり、

三条、徳大寺《とくだいじ》の両公と大激論をして、同年十二月十三日、侍講職の辞表を出して出仕しなかった。

『明治天皇紀』（第二）によれば、明治三年六月以後は講義を受けられる機会が少なく、同四年（一八七一）には、侍読平田延胤《のぶたね》の日本書紀、侍講元田永孚の論語及び日本外史、侍読西周《にしあまね》（津和野出身）の博物新論、心理学、審美学、英米比較論、加藤弘之のドイツ語等があるのみ。明治五年には御講釈日は全く出ていない。

しかし、天皇は、新政府が明治四年頃迄に一応の形態が整うと、内外共に政務が非常に複雑多岐にわたり、時間的余裕がなかったのかもしれない。また侍講なしに御自身で読書に励まれたということも推測することができる。

昌平学校の一等教授となる

明治新政府の大学教育政策は、東京と京都に二大学を設立する方針をたて、京都には慶応四年（一八六八）三月、旧学習院を再興したが、学習院が漢学派のため、国学派の反対にあい、慶応四年末には皇漢両学所の並立となり、これを大学にしようとしたが、色々な事情で廃止となり、東京大学の整備に全力をあげることになった。東京では、慶応四年四月、江戸を手に入れると、六月政府は、旧幕府の、昌平黌《しょうへいこう》、開成所、医学所等を再興した。昌平黌は、再興後、昌平学校と呼ばれたが、明治二年（一八六九）六月、昌平学校を大学校（本校）とし、開成学校は大学南校、医学校は大学東校と改称し、皇漢学の大学がなくなったので、その跡に洋学を教授する最高学府として存続することになった。これが後の東京帝国大学の基礎であった。敗戦後、東京大学となって今日に至っている。昭和五十二年（一九七七）四月十二日、東京大学創立百周年の記念式が行われた。

昌平学校には明治元年十二月十日、頭取、二等教授、三等教授、教授補がおかれ、明治二年正月、更に一等教授がおかれた。『東京帝国大学五十年史』によれば、「頭取松岡七助　一等教授水本保太郎　中沼了三　青山春夢」とあり、二等教授以下列記してある。

了三は、明治二年（一八六九）三月九日、この昌平学校の一等教授に任命されている。了三の説くところは、要は大義名分を正すことにあった。伝統日本の美しい姿に了三は心の底から限りない尊さを感じていたので、了三の言動には常にこうしたことがみなぎっていた。

前記、『百官履歴』によると、

「中沼之舜了三　（中略）　明治二年三月九日、一等教授の心得を以て昌平学校へ出仕仰せ付けられ候事」（読み下し）

とある。

北白川宮に伴読す

北白川宮智成親王は、大へん学問を好まれたので、了三が天皇に講義する時には必ずその席に出られて熱心に講義をお聞きになった。了三を深く御信頼になったので、了三もそのことにいたく感激し、講義が終わった後も宮邸へ参上して講義を続け、また世事のお話をするのが例であった。親王もこれを楽しみにしておられたという。

明治二年四月には、北白川宮智成親王から正式に読書の相手をするようにと仰せがあった。

新政府要人と意見を異にす

了三は一平民でありながら一躍新政府の参与となり、戊辰の戦には征討大将軍の参謀ともなり、明治天皇の侍講を務めるなど、その名声は、朝廷から庶民に至るまで大いに高まった。しかもその説く所は、真の日本の美しさで、それは了三の信仰でもあった。

しかるに、世は次第に欧米の文化が取り入れられ新政府は思想上にも制度上にもその方向に流れ、日本の姿が次第に失われつつあるのをみて、感慨と憤りにたえなかった。了三は、日本の姿を核とした和魂洋才はよいけれども、日本の純粋さが失われることに対してはだまっていることができなかった。

その頃、三条実美、徳大寺実則《さねつね・さねのり》等の重臣は西洋の文化を取り入れて新しい日本の建設に役立てたいという進取の思想を持って政治を進めつつあったので、了三の思想とはかみあわなかった。

そこで、明治三年（一八七〇）十二月のある日、遂に両者の思想は正面からぶつかるにやむなきに至った。即ち、了三は、三条、徳大寺の二人を向うにまわし、侍講職の責任上から時事問題について火花を散らす大激論となり、両者何れもゆずらず、遂にものわかれとなった。

侍講職の辞表を出す

了三は、新政府のやり方について、どうしても納得がいかず、遂に、自己の信念を生きぬくためには、現在の侍講職に止まることをいさぎよしとせず、病気だといって断乎辞表を出し、家に引きこもってしまった。

『ながらのさくら』（西川太治郎編、昭和二年十一月二十五日、京都日出新聞社）に、了三の三男、璉三郎の談話があるが、それによると、（読み下し）

「亡父（了三のこと）は、明治初年侍講職の責任上、三条公、徳大寺公等に赴き、大議論あり、終に病気引の時、両公より度々人を以て招かれしも行かず、一日黙然として机に向かい、潸《せん》々として落涙して居りました。亡父は、母の死去の時に落涙して泣きました。それ以後、泣いたことはみませぬが、此時又泣きました。けだし、多年の朝廷の御恩を感じ、いよいよ退官を決したので深く遺憾に思うことがあってのことと信じます。」

と。

了三が、兄の参碩に送った手紙によると、（漢文調なので読み下しにして書く）

「奉職以来、大いに精励し、遂に、聖上（明治天皇）からも厚いおもてなしを受けていましたところ、先般来、天皇に対する御教導のことについて、臣下どもの御仕向振りが、その道にかなっていないことがありましたので、両職（三条公、徳大寺公のこと）に向かい議論を申し出ましたところ、何分当節の様子では議論を貫くこともできかねますので当月十三日、侍講の職につき辞表を出しましたが、お聞き届けがありません。よって来年の春にでもなれば必至の議論をいたす決心でございます。その上、いよいよ、主旨を貫くことができないときは、再三辞表を出してぜひとも侍講の職から身を引く覚悟でございます。いよいよ身を引くことができれば、早速帰国するつもりでございます。

……以下略

臘月廿九日（明治三年十二月）中沼了三

中　沼　参　碩　様」

「……千辛萬苦の結果、幸運に際会し、天皇の命により、一昨年来不肖の身でありながら侍講の重任に預り、その御恩の万分の一にも報い奉り、また孝道の一端これより尽力したいと思っていましたところ、はからずも永訣することになり、誠に遺憾にたえません。旧冬（明治三年十二月）辞職覚悟で辞表を出しましたがお聞き届がなく、この一書は、再び辞表を出す原稿でございますので御覧に入れます……以下略

明治四年二月五日　中　沼　了　三

中　沼　参　碩　様」

（初版の『明治天皇侍講　中沼了三傳』には原文のまま記載してある）

了三は、自己の信念に合わぬことは決して容認することはしなかった。ここに了三の了三たる真骨頂があるのかもしれない。三条公は、了三を慰留しようとして何度も辞表を取り消すよう勧めたが、了三は頑としてこれを受け付けなかった。朝廷でも、辞表をお聞き入れにならず、「ゆっくり静養するように」との恩命をいただいた。

罪の疑いを受ける

辞表を出して家に引きこもっていた了三は明治四年（一八七二）三月、突然、御不審のかどにより、江戸の鹿児島藩邸へおあずけの身となった。これは、はっきりした資料はないが、次のようなことが伝えられている。

この遠因としては、明治二年（一八六九）一月五日、参与の要職にあった横井平四郎（小楠《しょうなん》）が京都の御所におかれた太政官邸から自宅へ帰る途中、ねらい撃ちされて死亡するという事件があった。取り調べの結果、石見国の上田立夫《りっぷ》、笠松県の石川大八郎の家来、鹿島又之丞、備前の土屋延雄の三人が主謀者

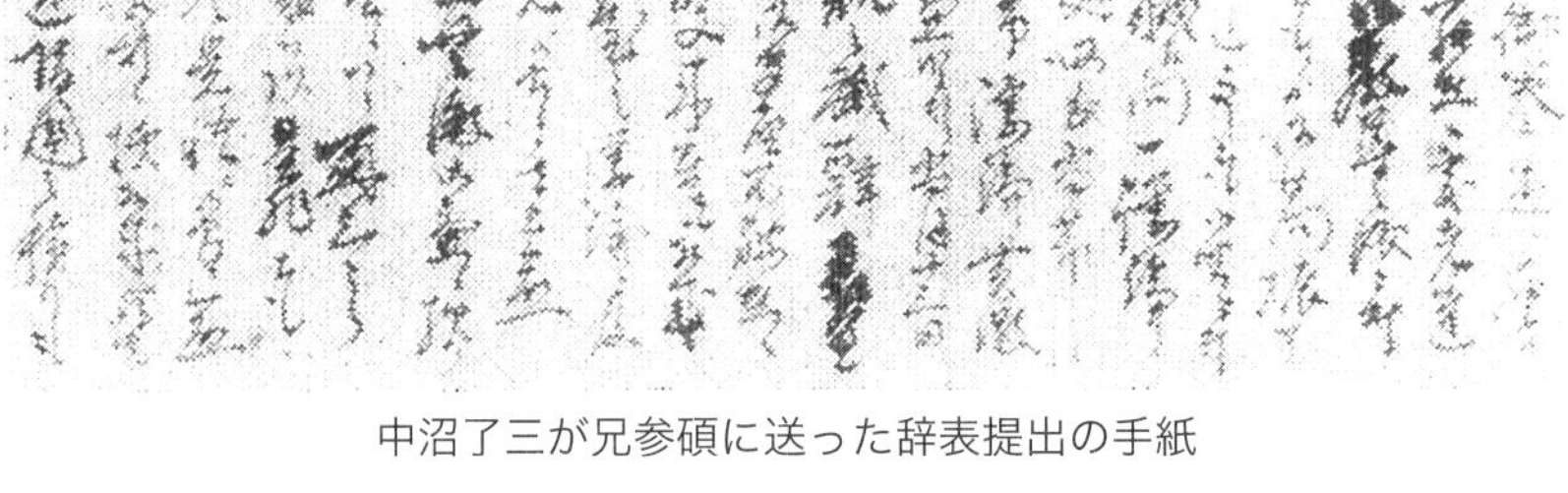

中沼了三が兄参碩に送った辞表提出の手紙

であることがわかったので、これを処刑したが、さらに了三に教えをうけた大和十津川郷士上平主税、備中の大木主水《もんど》、広幡《ひろはた》正二位の家来谷口豹斎《ひょうさい》の三人と、尾張藩士六名が犯人であることがわかり、関係者として終身刑に処した。

また、当時、開国進取の思想をもち西洋の科学文明を国の方針に取り入れようとする政府の中心人物岩倉具視に対し、心よく思っていない者が少なくなかったが、ある日、岩倉が馬に乗って朝廷へ出向くところをねらい撃ちした暴徒がいた。幸い、弾は岩倉には当たらないで馬に当たったので、岩倉は一命は取り留めたものの馬があばれたため堀の中に落ちた。取り調べの結果、その犯人の中に了三の門人がいたらしい。

しかし、了三がこの二つの事件に何等関係のないことが明らかになったので、一回の取り調べもなく、一か月余りで帰宅を許された。しかし、全く疑いがはれたというのでもなかったので、侍講の官職はやめさせられ、正六位の位も返上させられた。当時、了三は東京牛込見付真角の元長崎奉行であった大竹旗本の家に住んでいたが、帰宅を許されるや、サッサと荷物を片付け、あとのことは書生に頼んで、翌日家族をつれて、何回も皇居を拝しながら東京を出発して京都へ帰った。

岩倉の落馬の話は、筆者が昭和三年（一九二八）頃、了三の甥で、了三と生活をともにしたことのある、西郷町中町の故佐藤重次（知止丘）から聞いた話である。

判沢弘東京工業大学教授は、「隠岐の島蜂起とエートス」という論文の中で、

「隠岐出身の学者中沼了三父子は、明治四年、愛宕通旭《おたぎみちてる》・外山光輔《とやまみつすけ》事件に連座して入獄す

るが、これは単に世に云われるごとく「東京遷都」への反対ばかりではなく、天皇を政治の手段として利用しようとする方向への抵抗なのであった。後年、日清戦争当時、広島大本営滞在中の明治天皇に面会したとき、彼は、天皇の軍服着用の姿を見て泪《なみだ》を泛《うか》べていさめたといわれているが、これも私には、隠岐という独自の文化世界に生みなされた一つの理念の所産であったように思えるのである」と。この点は、今後の研究課題の一つであろう。

了三と横井小楠（平四郎）

小楠は、明治新政府の大立物で、新政府の参与となって太政官に出仕し、明治天皇にも親しく接して補導の重任についた人である。

了三と小楠との関係は、大へん密接であった。小楠は、嘉永四年（一八五一）、諸国を遊歴し、各大藩の一流人物を訪ねて視野を広め、見識をみがき、色々な情報を集めていた。主な人物をあげると、萩の吉田松陰、久留米の真木和泉《まきいずみ》（隠岐騒動と関係のある人）、柳川の立花主計《かずえ》、大坂の大久保要、橋本左内《さない》、京都の梅田雲浜《うんぴん》、春日潜庵、中沼了三、梁川星巌《やながわせいがん》、その他多くの知名人に会っているが、了三もその中の一人であることは注目に値する。（藤田新著「隠岐騒動」による）

勝海舟は「おれは、今まで大下で恐ろしいものを二人みた。それは、横井小楠と西郷南洲《なんしゅう》（隆盛）だ」と。

第五章

京都に学舎を開く

了三が、このように東京をたって京都へ帰ることを急いだのは、もはや、東京には全く用事がなくなったのと、京都へ帰り、学舎を開いて子弟の教育に力を入れ、国家有用の人材を養成したいためであった。

京都へ帰るや、直ちに東山如意《にょい》ケ嶽《がたけ》のふもとに居をかまえ、私塾を開いて子弟の教育に当たった。ここは、現在、左京区銀閣寺町となっている。『維新の史蹟』（昭和十四年六月一日、星野書店発行）に「葵園中沼了三旧邸」という記事があるが、それによると、

「彼（了三）が晩年を過ごした如意ケ嶽山麓の旧居は、その歿後目賀田種太郎男の有に帰したが、いまは京大名誉教授、東方文化京都研究所長松本文三郎博士の邸宅として、博士の深い心尽しで、黒木作りのささやかな六帖と四帖の二室は、ありし昔をそのままに保存されている。」

と、ある。

この旧邸の入口の所に、

現在、

「贈正五位中沼先生講書之邸」

中沼了三講書の邸趾
（京都市左京区銀閣寺町）

と、刻まれた石碑が建っているが、碑の横に、「京都市教育会」と刻まれている。

再び罪の疑いを受ける

陸軍大将西郷隆盛は、明治六年（一八七三）八月朝鮮派遣が決定していたが、岩倉欧米視察団が帰国するやこれを否決したので、西郷は同年十月二十四日、参議および近衛都督の両職を辞任し鹿児島へ帰った。

当時、明治新政府ができたとはいえ、人心はいまだ定まらず、江藤新平、前原一誠、神風連等の乱が相ついで起こり、世の中は騒然として不安の情勢であったので、了三はこの様子を大へん心配していた。

明治九年（一八七六）五月に、了三はまたもや罪の疑いをかけられ、長男清蔵、三男璉三郎、門人山本克等と共に、とらわれの身となった。これは、了三が西郷隆盛と親交があったので、征韓論との関係がありはしないかという疑いをかけられたものらしい。しかし、何の関係もないことがわかったので、了三は十日余りで帰宅を許された。しかし、清蔵は三年、山本は七年の禁錮に処せられた。璉三郎は、五十日余りとらわれて色々なことを聞かれたが、何の関係もないことがわかったので帰宅を許された。

警視庁の役人、新納某が了三に対し、

「先生よ、門人を引き連れて朝鮮征伐をされたらどうですか。」

と皮肉な一言をはいたという。この一言でも征韓論に関係があると疑われていたことがわかる。

了三の孝養

明治二年末頃、了三の弟佐藤孔碩(犬来、酒泉)は、了三が栄達して名が出たことを大へん喜んでいる郷里の老母の心中を了三に伝えるため東京へ出て数カ月、了三の家で暮していたが、郷里へ帰るときに、了三は、手元にあった財宝をことごとく売りはらって金三千円をこしらえて孔碩にわたし、老母をなぐさめるようにとことづけた。東京からのこんなに多額なみやげをみた郷里の人たちは、目をみはるばかり、舌をまいてほめたたえたと、古老は云い伝えている。(三男璉三郎談)

近江の大津に「湖南学舎」を開く

了三は、明治十五(一八八二)年、長男清蔵を連れて近江国大津に行き、三井寺光浄院《みいでらこうじょういん》に、私塾「湖南《こなん》学舎」を開いた。了三がこれを主管し、長男清蔵を教授に、三男璉三郎を撃剣の教師とした。

学問の基本は、あくまで大義名分を明らかにすることであり、後進の指導、人材の育成に主力を注いだ。

この学舎を起こすに至ったのは、当時、滋賀県令であった籠手《こて》田《だ》安定《やすさだ》の尽力によるものであった。籠手田県令は、後に島根県の初代県知事となった人である。同氏は、旧平戸藩士で、楠本端山《たんざん》の門人であり、若い時から剣道が上手で、慶応の末年、京都へ出て国事に尽力したが、了三の学問や人格を深く慕い、かつ尊敬していたので、了三を招いて湖南学舎を開かせたのである。

了三が学舎を開くや、了三の学徳をしたって集まる者数百人に及び、盛大をきわめた。しかし、世相は次第に西洋化し、学制もその方向で進むようになり、漢学私塾の如きは次第におとろえをみせ、廃校の運命に至った。明治十八年（一八八五）、長男清蔵が大病にかかったので、止むなく了三は幾百の門人におしまれながら、思い出深い湖南学舎を閉じて京都へ帰った。去るにのぞんで、学舎の壁に一詩を書きのこした。即ち、

妖魔自一犯㆓宸極㆒　邪説喧豗満㆓八洲㆒
天柱僅支将㆑壊日　南湖誰識此東周

東周とは、『論語』の陽貨第十七に、孔子が、「もし我を用うる者あらば、吾は其れ東周をなさんか」と、いった故事によるもので、西欧諸国に犯されることを憂え、美しい日本を護るのが湖南学舎の本旨であるということを書き残したのである。

了三を招いて大津に湖南学舎を開かせた滋賀県令籠手田安定は、その後元老院議官となり、続いて明治十八年（一八八五）九月四日から同十九年（一八八六）七月九日まで島根県令と

なり、同十九年七月十九日より同二十四年（一八九一）十二月九日まで初代島根県知事を務めている。同十八年十月六日松江に着いたが直ちに六日後の十二日に隠岐へ渡り、島民の飢餓（食料がなく苦しんでいること）を視察している。また、海士町の後鳥羽上皇の御火葬所が荒果てていたので宮内省へ陳情して工事を完了している。

明治三十一年（一八九八）四月一日に行われた『史談会速記録』に、籠手田安定の話がのっている。即ち、

「……京都大坂の間で交際するに生《な》ま意気なる人は皆郤《しりぞ》けました、然るに私と同し意見のものがあります、……京都の人中沼了三と云う漢学の先生がありました此人は山崎闇斎の門人の浅見絅斎派の学者で私も浅見絅斎学派を尊信して居りまするそれで中沼を長者とし此を尊び懇意でありました、此手続から十津川に中沼の門人もありて相交り、又撃剣が好きで戸田栄之助方にも参りまする、そこで私と同主義の者が相往来しました……。」と。

『県令籠手田安定』（鉅鹿敏了著、昭和五十一年四月二十日刊）によると

「彼は徒らに大改革とか大改新の言葉のもとに、立派な建物を作ったり、新しいだけの事業を起こしたりして、名前を挙げることを好まなかった。心を養い、足をしっかりと地に着けて、一歩一歩と人民を風化して行くことを願ったのである。それはいつも人民の幸福ということと共にあった。維新よりこの方、一地方にあって、親しく見聞した多くの人々の、あまりにも不安定な日々の姿の故だったかも知れない。……。新しい日本の本当の創立を目指して、たくましく進む一人の地方官がここにもあったのである。」

と。籠手田が了三と親しかったことは、同じ考えをもっていたからであろう。

そして、島根県知事として隠岐のために尽力したのは、大津の時代に了三が隠岐出身だということを知っていたためではなかろうか。

岩倉具視再び仕官を乞う

明治二十一年（一八八八）十二月頃、政府から、今一度、官職につくよう内意を受けたが、了三は、

「さきに退官を申し出たのは、病気のためその任にたえないためであり、その上、今は、老齢でもあり、身体的にも精神的にも、ともに以前と比べものにはならないため、到底、その職につくことはできないので、願わくは、初志を貫かしてほしい」

と、官職につくことをことわった。了三の心中はどんなであっただろうか。

その頃、岩倉具視は、了三を誤解していたことを悔いたのか、了三に救いの手をさしのべようとして、ひそかに人を了三のもとへやって生活状況を調べさせた。

その当時のことを、『ながらのさくら』に、次のようにかいてある。（読み下し）

「………岩倉公は、明治十一二年の頃、久しく了三先生を誤解していたことを悔いたとみえ、人をしてひそかに先生（了三）の生活状態を視察せしめた。たまたま三男の璉三郎は、その厳父（了三）が高齢となられるをもって家計の如何をかえりみず、その晩年をな

ぐさめようとして、書院を新築中であった。使者はこれを見て、あまり困窮してはおられないという報告をしたらしい。しかも、事実は、借金が山のようにあった。後、宮内省より、年金下賜の沙汰は、岩倉公のとりなしのようである。

当時、中沼先生は、同公に対し、時事問題に付、意見を開陳したところ、漸次、これを採用せんとして果たさず薨去《こうきょ》になった。けだし、岩倉公と先生との会見は、時の滋賀県令籠手田安定を介し、大津においてのことならん。」（意訳）と、ある。

明治二十二年（一八八九）三月十五日、維新前後の功労により、宮内省より、特旨をもって、一箇年金弐百円をたまわったが、これは、岩倉のとりなしであったかもしれない。

久邇宮の信任を受く

了三が、久邇宮の信任を受けていたことについて、『ながらのさくら』（前出）に、了三の三男璉三郎の談話が次のようにでている。（読み下し）

「明治二十年頃のことと思います。亡父（了三）は、久

中沼了三が山階宮からいただいた硯

邇宮様に深き御信用を辱うされました。毎月、二・三回は参殿して何事か御談話申しあげました。又、恐れ多くも、宮様にも京都吉田山の家形へ度々入らせられることもありました。その節はいつも家人を退け、御密談数刻に渉らせられました。尤も、国事上の外の御雑談はさらになかったように拝察いたします。……お話中に、おりおり、了三頼むぞよと仰せられたるをもれききました。……宮様には、伊勢大神宮の斎主であらせられました。その後、伊勢にて薨去あらせられました。真に突然のことにて、痛嘆至極のことでありました。その時、亡父（了三）のなげきは、云わん方なく、最早これまでなりと、落涙潜然《らくるいせんぜん》、これを久しういたしました。」と。

山階宮にもお仕えしたとみえて、宮からいただいた碩があるが、これは今筆者が保存している。

広島大本営へ明治天皇を慰問す

明治二十七年（一八九四）八月一日、日本は清国（今の中国）に対し、戦を宣言し、いわゆる日清戦争が始まった。この戦を大へん御心配になった明治天皇は、九月十三日（午前七時東京発、十五日午後五時二十分広島着）、大本営を広島に進められ、鯉城の丸の内にある、広島第五師団司令部を戦時大本営と定められ、自ら軍務を統帥《とうすい》された。平素、憂国の情にもえていた了三は、日本にとって、国始って以来の大難ともいうべき戦争の開始につき、じっとしていることができなかった。そこで、了三は、明治天皇に対する最後の御奉公の誠を尽くしたいと思い、広島大本営へ天皇の御機嫌奉伺にでかける決意をした。

清貧に甘んじていた了三は、あらゆる家財道具を売り払った金で、大礼服《たいれいふく》と十幾文かの別のあつらえの大靴を新しくつくり、結髪大礼服という異様な姿で大本営へ参上した。その奇異な姿に大本営の人々は驚いたとのことであるが、了三の毅然《きぜん》たる態度と、りんとした気品ある風格には、自ら人を圧するの威大な力があったのでこれに打たれたという。

了三は、まず、大本営内の小松宮殿下（元仁和寺宮）の御機嫌を伺った後、明治天皇にお目にかかり、御慰問の言葉を申し述べたところ、天皇は大そうお喜びになり、「身体を大切にせよ」との有り難いお言葉をいただき、感激にむせびながら、大本営を辞したのであった。

東京工業大学の判沢教授は、

「中沼了三は、広島大本営で、明治天皇が軍服を着ておられるのをみて大へんなげいたらしい」

と。このことは色々な意味において興味あることである。即ち、了三は、天皇の存在を軍服姿にすることに反対であったことはこのことでもわかるが、それならば、どんな天皇の在り方を望んでいたかということは、今後、歴史家の研究にまたねばならない。

京都において没す

了三は、明治二十九年（一八九六）五月一日、青葉に包まれた、京都の東山浄土寺村の自宅で、八十一歳の高齢をもって、波乱の多かった一生の幕を静かに閉じた。

浄土寺村民は、こぞって会葬し、偉人の死に心から敬愛の意をあらわし、村民六十余名は、白丁をつけ、高足の門人五人も同じく白丁をつけて、ひつぎをかつぎ、十余町ある、鹿ケ谷《ししがたに》の安楽寺に葬り、御霊は永久にこの地に眠ることになった。

宮内省より、特旨をもって、祭祀料百円をたまわったのは、せめてもの余栄であった。京都の銀閣寺鹿ケ谷の安楽寺には、今も「中沼葵園先生墓」と刻まれた墓石が建っている。それと並んで、くら夫人の墓もある。

中沼了三の墓石（京都市左京区鹿ケ谷安楽寺）

墓標には、

「中沼葵園先生墓」　裏面に　文化十三年五月六日生
明治二十九年五月一日卒

「葵園先生室佐藤氏墓」　裏面に文政七年八月十一日生
明治二十九年二月九日終

「献燈」が建っているが、裏面に、大正九年七月一日「門人建之」（門人永井以保氏筆）了三没後三十四年である。

安楽寺の入口には「中沼葵園先生墓　当寺に安居」と書いた石碑が建っている。

了三の没後、門下生が資金を出し合って、控の詰所を造り、しばらく墓守をしたり、石垣を修理したという記録が残っている。

了三の家は神道であるにもかかわらず、お寺に墓があるのはちょっと不思議に思われるが、実は、安楽寺の住職某が非常に勤王の志の厚い人であったので、了三のために墓地を提供することを申しでたためである。

しかし、安楽寺の境内には、中沼家については了三夫妻の墓しか認めず、家族の人は埋葬しないという条件がついていたという。墓地の設計図は、今筆者が保存している。

第六章

明治維新前後の時代的背景

明治維新前後は、日本の歴史上において、未だかつてない激動変革の時代であった。

対外的には、アメリカ、イギリス、オランダ、ロシア等、欧米の列強が強大な軍事力をもって日本に不利な不平等条約を強要し、遂に開国するに至った。

国内的には、佐幕派と勤王派とが相争い、イギリスは尊王派を、フランスは幕府側を応援して自国の利益を図らんとしてしきりに暗躍した。経済面では、欧米の通貨による資本主義及び欧米の科学技術が導入され、封建制の経済を切り崩して、自由主義貿易をとらざるを得なくなった。思想面でも、日本古来のものを捨て去って欧米一辺倒になり、教育も寺子屋、私塾の教育は廃止されて近代的学校制度が取り入れられ、衣食住等にも大きな変革をもたらした。日本の進路を根本的にかえたのは、欧米のすさまじいまでの進んだ科学技術の吸収ということにあった。黒船ショックが如何に大きかったかは想像に難くない。

幕府内にあっても将軍の後継者問題で三派に分かれて相争い、幕府と朝廷とが一体となって国政に当たるという公武合体説が起こり、朝廷でも孝明天皇の御妹和宮を将軍家茂に嫁がせるという問題で二派に分かれて相争い実に容易ならざる危機的状態におかれていた。

明治維新前後について考えてみるとき、表面上の輝やかしさに対し、裏面においては、甚だいまわしいことも多かった。例えば、裏切り、賄賂（まいない）、暗殺、脅迫、汚職、陰謀等がしきりに行われた。権力に貪欲なまでの執着をもった人たちが、一度権力の座につくと、自己の欲望をみたすために、正義の士や勤王家公卿等を退け、新しい官制を次々に制定して中央政府を強化し、自らは官僚となって政権を握るのであった。その最も代表的なのが薩摩、長州、土佐、肥後等の藩出身者である。こうして明治政府の官僚体制ができ上っていった。金も権力もない明治政府の要人たちは、天皇の力をかりて権力を得、国家の統一を図った。「勝てば官軍、敗ければ賊軍」という思想はこうして生まれたのであった。

歴史学者奈良本辰也は、「士族反乱の意味するもの」という論文の中で、明治政府について次のように述べている。

「さきに、最高指導者としてあげたあの西郷隆盛でさえも、明治政府が出現するや、早々鹿児島へ帰ったことがある。……明治三年七月、鹿児島藩士横山正太郎は、新政府に抗議して、集議院の門前で死んだ。その時彼が掲げた一書には、新政府は、旧幕府の時代において不正だと主張したことを今日ことごとくこれを是として行っているのではないかときめつけて、十カ条を指摘している。」と。

また、石井孝氏は、『明治維新の舞台裏』の中で、

「明治維新の立役者である岩倉具視は、公卿第一の陰謀者である」と。

西郷隆盛にはあれだけの人気があるのに、あの知恵者といわれた明治維新の立役者である岩倉具視や大久保利通に人気のないのはどうしてであろうかという人もいる。

しかし、筆者は明治新政府の要人達に対しその功績を全く無視するものではない。当時、

東洋の一小国日本が外国の圧力に屈することなく、よく独立を保ってあの大難関を切り抜けたことは、色々な問題を残したとはいえ、高く評価しなくてはならない。もしあの際日本が欧米の植民地になっていたと仮定するとき、身の毛のよだつ思いがする。

ここで一言しておきたいのは、幕府が、フランスと密約即ち、日本を植民地化しようとする売国奴的契約を打ち立てようとしていたのを打ち破ったのは、当時の指導者の考え方もさることながら、民族独立という強い生き振りを示した民衆の力を無視することはできない。

了三が政府要人と激論した争点は何か

この内容については、了三が書き残したものでは、兄参碩に送った手紙の中に、臣下どもの天皇に対する指導ぶりが、正しい道にかなっていないので激論したと書いているのみで、他には資料がない。そこで、新政府に批判的であった西郷隆盛と了三との関係について考えてみたい。

西郷の人生哲学は徹底して「敬天愛人」であった。明治維新の大業に全力をあげる原動力は、幕藩体制を打ちこわして、日本を道義国家にしたいということであった。国内に道義が行われ、外国との交際にも道義中心の外交が行われる国家を夢みていた。それが新政府ができてからは全く異なる方向に進み、官僚が腐敗していく姿に憤りを感じたのである。故に大久保利通や岩倉具視等と別れていく。明治元年（一八六八）十二月には、西郷は鹿児島に帰ってしまう。しかし、大久保と岩倉は西郷を引きもどすため明治三年（一八七〇）十一月、岩倉が天皇の使いで鹿児島の西郷を訪問し、朝廷へ出るように頼んでいる。その時、西郷は、「内政も外交も政策を論ずる以前に、皇国の国体はこの通り、目的はこの通りと、本朝中古以上の体を本《もと》にすえ、西土西洋各国までも斟酌《しんしゃく》、一定不抜の大本を立つべし」という意見書を出している。西郷は具体的な問題としては、「新政府の大臣以下の要人は、おごりをきわめ、多くの月給をむさぼり、大きな邸宅に住み、美衣美食をほしいままにし、何一つ本質的な仕事の成績は上らず、悪くいえばどろぼうに似ており、人民の勤労には目もくれず、このようなことでは明治維新の功業は実を結ばず、戊辰の義戦も私的なこととなり、天下に対し、戦死者に対して面目なきこととなる」ということを『西郷南洲遺訓』に書いている。

しかし、一度は岩倉の意志を受けて東京に出て政治に参画するが、明治四年岩倉、大久保ら四十余名が欧米視察に出たあとを引受けて政治を行ったが、岩倉、大久保が帰国するや、全く意見が対立し、明治六年（一八七三）の征韓論で西郷は再び鹿児島に帰ってしまう。これは大久保が西郷を追い出した策であるともいわれている。西郷の「命もいらず、名もいらず、地位も金もいらぬ人は、仕末に困るもの也。この仕末に困る人ならでは、艱難を共にして国家の大業は成し得られぬ也」といっているのをみると、この純粋論者西郷は大久保にとり目の上のこぶであったにちがいない。

この西郷の考えと、了三の考えとは共通するものがありはしないか。西郷は、革命の推進者であっても、その時の政策人としての創造力も実行力も貧困であったと評する人もある。

西郷が討幕の総指揮官として江戸で演じた江戸無血明け渡しの大ドラマをみても、常に時代を先取りし活躍しながら、時に新政府と離れていく。了三も、討幕に参画し、新政府の参与、参謀となり、明治天皇の侍講となりながら、辞官、位記返上という悲運に泣く。とにかく考えてくると、了三と西郷とは実によく似た点があるように思われる。しかもこの両人の事績は、現代の世相に何等かの指針を与えるのではあるまいか。

了三の考え方の裏付けとなる文献

了三が新政府と意見を異にした論点について、新政府に批判的であった人々の考え方を文献その他によって裏付けし、現在及び未来の生き方の方向付けに資したい。

一、福沢諭吉の考え方

福沢諭吉は、蘭学を学び、また英学を勉強した洋学者でもあるが、豊前の中津藩では、伊藤仁斎《じんさい》の儒学が盛んであったので、儒学の素養は非常に深いものをもっていた。

福沢の著した『学問のすゝめ』をみると新政府に対する逆説が実によく出ている。これは今の時代にも通用するものがある。福沢は明治五年（一八七二）に第一編を出し、同九年（一八七六）十一月に第十七編を出しているが、明治十三年（一八八〇）までに七十万冊売れている。第一編（初版本）でも当時、二十二万冊発行したが、当時日本の人口三千五百万人として、百六十人に一人が読んだことになると書いている。これは当時の日本人としては驚異に価する。何となれば、福沢は『学問のすゝめ』に西洋文化を取り入れる中で、真の日本の独立を保つ学問を主張している。生活の中で本気にものごとを考える実学を説いている。即ち、個人が個人に対し平等であること、政府に対し国民が平等であること、こういう国民のいる国家で始めて外国に対し対等であることの三点をあげている。そのために国民は学問をせよと。明治新政府がこのあとの二点と反対の方向に進んだことに対する批判である。文明開化の方向に進んでいるというが、明治五年頃には、文明の本質や気力が退歩し、国は政府の私有物化し、民衆は政府任せで徳川時代と少しも変らないと。『学問のすゝめ』に、「古の民は政府を視ること鬼の如し、今の民はこれを視ること神の如くす。古の民は政府を恐れ、今の民は政府を拝む。この勢に乗じて事の轍を改むることなくば、政府にて一事を起せば文明の形は次第に具はるに似たれども、人民にはまさしく一段の気力を失ない、文明の精神は次第に衰ふるのみ……」と書いているのをみても、明らかに新政府の在り方が五年間でこのようであったかということが実証できる。

このような内容の本が、当時非常な勢いで国民に読まれたということは、福沢の考え方に共鳴する民衆が、実に多くいたということがわかる。

一体、明治維新とは国民にとって何であったか、ということが改めて真剣に問い直されていたのである。明治新政府の方向と異なった福沢の考え方に共鳴する国民が多くいたにもかかわらず、方向を変えることができなかったのは何故であろうか。第一は新政府要人が権力による中央集権的政治体制を強行し、そのための教育体制をエンジンにして明治体制を確立したことである。国民が、国の方向に対する選択権を行使することができないようにしたのである。ここに今次敗戦の遠因があったのかもしれない。

福沢は『福沢諭吉全集』の中で「西郷の挙兵をもって日本社会に抵抗の精神の存在を知らしめるものであるとして、その歴史の意味を強調し、このことを主張するのが本執筆の動機である。」と書いている。

福沢は、西郷の言動をかりて社会にとって抵抗の精神の必要な理由を強調している。西郷にしても、了三にしても、正義と道義に対して、これに反することには徹底的に抵抗した人といえる。明治新政府は民衆から真の抵抗の精神を奪い取り、政府の政策に従順な国民の養成にまっしぐらに進んだのではあるまいか。だが、政策維持の権力が失われると、反動として、エゴの抵抗力が強まる危険性がある。敗戦後の日本の現状を考えてみるとよくわかる。

西郷と了三との共通した点と、異なった点を比較してみることも重要な意味があると思うが、本稿では課題として残しておく。

明治の文化人、知識人の論説や文学作品は、その底には明治新政府の批判があることを見落としてはならない。

二、文学作品にあらわれた明治政府への批判

島崎藤村《とうそん》の『夜明け前』は、第一部と第二部とあるが、木曽の青山半蔵が主人公である。第一部では、半蔵は国学に熱中し、明治維新を大いに喜ぶが、第二部においては、現実は、明治維新の時とは反対の方向に進み、文明開化に絶望感をもち狂死するという悲劇的人生を

おくるのである。これは明らかに明治新体制への批判である。

夏目漱石《そうせき》も『こころ』その他で明治近代の批判をし、北村透谷《とうこく》や谷崎潤一郎も同様である。

柳田国男に至っては、明治近代に対するトータルな批判者として有名である。柳田は、先進国に追いつくという志向は近代的合理主義で、役に立つことだけをとりあげて、役にたたぬものは切捨てていく。これでは真の文学は育たぬと明治時代を批判している。森鷗外も批判文学者である。

幸田露伴《ろはん》が二十歳の若い頃、明治十六年頃の鹿鳴館《ろくめいかん》事件をとりあげた詩の中に、東京の浮薄な栄華をみて利に狂い道義を失った状態をなげいている。即ち文学を通して日本の一般庶民を救おうというナショナルな視点をもっていたのである。

内村鑑三は、「明治維新は西郷の理想とかくも相反した結果を生んだ」「岩倉等の政治指導は、文明開化をもたらしはしたが、反面で、断乎たる行動や正義の確守など、武士の理想を喪失せしめた」と『代表的日本人』に書いて西郷の理想主義と道義性を肯定している。そして、「維新に於ける西郷の役割を余さず書くことは、維新史の全体を書くことになるであろう」ともいう。

三、判沢弘東京工大教授の仮説

「もし、中沼了三のような考え方で明治維新が進んでいたら、今の日本は、もっとちがった国になっていただろう。」

と。これは「隠岐騒動」について深い研究をもとにしての発言である。そして、判沢教授は隠岐騒動の研究には、中沼了三は欠かせない人物であるといわれる。

こうした逆説的な仮説を立てることが、真の歴史研究であり、そこに歴史が人間の生きる方向を示してくれる思想の源になると思う。

判沢教授も、明治政府の在り方と異なった了三の考えを研究しようとしておられる。

四、元田永孚の『聖喩記《せいゆき》』

元田は明治四年、了三の後任として侍講となった人である。『幼学綱要《ようがくこうよう》』の著者であり、教育勅語の起草にも参画している。

明治十九年（一八八六）十一月五日、元田は例により朝廷へ出向いた。明治天皇は、元田に対し次のようにおたずねになった。

「朕《ちん》（天皇）は過日（十月二十九日）大学に臨し、設くる所の学科を巡視したが、理科、医科、法科等は、その進歩見るべきものがあったのに、大学の根本とする修身の学科においては全く見る所がなかった。そもそも、大学は、日本の教育の最高学府であり、高等の人物を養成すべき所である。しかしながら、今の学科では、政治治要の道を学ばんとする人材を求めることができぬ。現在は維新の際の功臣が内閣にあって政治をとっているものの、この人々がいつまでも生きているものではないのに、大学が今見る如き状態であるならば、これを継ぐ真成の人物を育成することは決してできることではない。汝の意見はいかがであるか。」（意訳）と。

元田は、これより先十月十八日、徳大寺侍従長（了三と激論した人）と共に大学を巡視し、

ひそかに感ずるところがあったので、御質問に対し、次のように申しのべた、

「臣（元田）は、大学に設けてある学科について尋ねましたる所、修身の学科がございません。和漢の学問を授ける科は文学科、哲学の中にございますが、わずかの時間がこれに充てられているにすぎません。教官は、物集《もずめ》、島田等、わずか一両名がおるのみであります。而してその外は、みな洋学専修の教官、しかも、これらの人々は、おおむね、明治五年以来の教育によって養成された者でありまして、西洋の外面を模倣するばかりで、全く東洋の道義につきましては聞知せざる者どもであります。されば、今にしてこの風を改める所がございませぬ時は、もはや挽回すべからざることになりましょう。そもそも、教育が重大なることは、陛下がつとに深く慮りたもう所でございまして、幼学綱要を欽定せられましたことにより、ようやく、東洋の道義について考える者も現われるようになりましたが、一昨年頃より、また洋風に傾き始め、昨今に至りましては、もっぱら洋学になってしまい、和漢の学問は廃絶に至らんとするのさまであり、これは、有志の者が大いに憂慮している所であります。大学における今日の学制では、理科、工科等の専門大家は成就いたしましょうが、国体を知らず、道義を忘れたる人物が日本国中に充満いたしましても、これを以て、日本帝国大学の教育ということはできませぬ。今後、聖喩（天皇のおさとし）によりまして、和漢修身の学科を更張いたしますならば、その風気の及ぶところ、必ず国学者、漢学者の中に発奮して国家の用に立たんとする者が現われるでありましょう。なお、侍従長、総長、大臣等、それぞれの者にも御下問御示諭あらせられんことを希望つ

かまつります。」（意訳）

この元田の考えをお聞きになった明治天皇には、そのお顔にお喜びの様子が伺われたという。

以上は、元田の書いた『聖喩記』から引用（意訳）したものである。この聖喩は、総理大臣伊藤博文や文教当局に深い反省と決意を促したという。明治十五年頃、岩倉具視等の政府要人から、了三に再び官途につくよう要請があったが、了三がきっぱりことわったことを併せ考えることも意味があると思う。

この『聖喩記』は、近藤啓吾の「明治前期における教育の苦悩」という論文から引用したものである。明治二十三年（一八九〇）に「教育勅語」が出るが、これは、時の政治局長官井上毅《こわし》が草案を起草し、元田が修正を加えて完成したという。

ここで一言しておきたいのは、日本の教育史上において、明治政府が東京大学を頂点とする官学優先という教育の大方針が今に至るまで続いているということである。新政府の基本は官学には莫大な資金を使って国家の人材、エリートを養成することであり、政府の政策を遂行する上に都合のよい人材養成である。それに対し福沢諭吉は真向から反対して私学「慶應義塾」を創設している。また、大隈重信は早稲田大学を、新島襄《じょう》はキリスト教主義の大学として同志社大学を開学して、官学と別な人材養成に力を入れた。今の日本の教育もここにメスを入れるべきではなかろうか。

今まであまりふれられなかった明治新政府の教育方針に女子教育がある。即ち、良妻賢母を中心とした女子教育は、女子をして近代化を遅らせた根本というべきであろう。このことは、日本にとって実に不幸なことであった。この問題は、今日の研究の根本的課題であろう。

五、関孝和の「和算」と明治政府の「洋算」について

新政府の教育政策は関のすぐれた日本の和算《わさん》を全く捨てて、洋算に切りかえてしまった。このことについて筆者は、昭和五十二年（一九七七）四月三日、県立図書館において、日本数学史学会近畿支部長桑原秀夫氏外数人の数学者と島根の数学について話しあった際、桑原支部長から次のような話をきいた。

「明治五年新政府が学制をしいた時、初めは、日本の和算（関流）でいくことを考えたが他の学問がすべて西洋の学になったので、日本の和算を捨てて西洋数学にした。このことは根本的な誤りを犯している。関流の和算は当時の世界的水準を越えていた。日本の技術による工業化がかくも早く進んだのは、日本に和算が発達していたためで、日本の工業化にすばらしい発展の根源はここにあった。数学はじみなので、皆このことを知らない。和算を切り捨てたことは一大痛恨事である。」と。

六、「邦楽」と「洋楽」について

小橋稔《こばしみのる》玉川大学教授は、『全人《ぜんじん》教育』昭和五十二年二月号　玉川大学出版部）「音楽教育について」で次のように述べている。

「明治に於ける西洋文化の移入は、美術の分野でも文学の分野でも（文学は日本語が土台であるから特に）日本古来のものをふまえての消化が見事に成されて来たが、音楽の分野

のみ、古来のものとの断絶のあったことは、その意味で残念なことで、今後の大きな課題といえよう。しかしいずれにせよ人類の蓄積して来た文化・伝統は、後生大事にしまっておくものではなく、それをふまえて新しい価値を現在に創り上げて行く活動の中に真に継承されるのであり、日本の音楽（芸術）教育も、この原点に立って行われなければならないと思う。」と。

また、最近邦楽が再認識される傾向にあることは喜ばしいことである。一例をあげれば、高橋竹山の「津軽じょんがら」の三味線の如きは地から生え出たような力強さを感ずる。然し、洋楽を否定するようなことをいうのではない。

その他これに類したことはいくらでもあるが、これらの点について明治教育の在り方の批判が現在出ていることは、了三の考え方と何か関係がありはしないかと推論するのは的はずれであろうか。

了三には著書が一冊もない。故に了三の考えを知るには、了三からの手紙と、了三から直接話をきいた人の話によるしかない。了三の手紙は筆者が十四通、中沼忠蔵が六通、藤田新が数通、岩敷蔵《おさむ》が数通、中村中学校に一通、その他にもあると思うが不明である。文章が漢文調なので、読みには骨が折れる。何とかして「手紙集」として残したいものである。

了三の考え方の今日的意義

明治維新の実現に命をかけて努力した人々で、新政府と意見を異にした人々の多くは新政府要人たちによって次々と新政府の舞台から退けられ、明治十四年頃には殆んどその姿を消していった。

新政府が一応の安定をみるや、日本の独立と発展をはかるためには欧米の近代思想、近代科学や技術等を一日も早く取り入れ、富国強兵を国の目標とする政策を強力に実施するに至った。そのため、明治四年（一八七一）、岩倉具視、大久保利通、木戸孝允等の一行四十名を欧米視察に派遣した。

この政策を行うためには、旧来の日本の伝統とか本質的な貴重なものを省みることなく、新しい教育政策をとりあげねばならなかった。即ち従来の寺子屋、私塾等の和学を廃止し、専ら洋学を主とした新学制に切りかえ義務教育を実施したのである。

了三は、孝明天皇に招かれて学習院の講師となり、また天皇にも御進講申しあげているので天皇のお考えはよく承知していたし、天皇の御信任も厚かった。天皇は幕府をつぶす考えはなく、むしろ幕府もたてるが朝廷の威信は確立しなくてはならぬという強い信念をもっておられた。しかし、和宮を徳川へ嫁がせることには反対であった。しかし岩倉具視は政略的に和宮を徳川に嫁がせることの主謀者であった。これが効を奏し、孝明天皇も和宮の御降嫁をお許しになった。岩倉は、公武合体は表面上のことで心の中は幕府を倒すことであったので、孝明天皇のお考えや、それに同調する人々には敵意をもっていた。孝明天皇の急死は、岩倉が毒殺したというわさが流れた程であった。侍医の日記によっても推察することができるともいわれている。

了三が、藩の力によることもなく、全くの一平民として隠岐の孤島から出て、独力で明治維新という日本歴史の舞台で活躍したということは、今日及び将来にとって如何なる意義があるであろうか。かかる問題を研究するところに、歴史の使命があると思うので、ここでは了三の思想や行為に焦点をしぼって私見を述べてみたい。

近世における日本の歴史上、「独立」について、三つの危機があった。**第一**は幕末から明治維新期である。この危機も何とか乗り越えて日本の独立を保つことができた。**第二**は日露戦争である。もし日本がこの戦争で敗けていたら今の日本はどうなっていただろうか。この危機について余り論じられないのは如何なる理由であろうか。幸にして独立をかち得たこと、当時の状況等について再考すべきであると思う。**第三**は、今次の敗戦である。日本歴史上、国の独立を失ったのはこれが初めてであり、前記二者とは根本的に性質がちがう危機であった。占領下にあって独立を失った日本が国民の並々ならぬ努力によって独立をとりもどしたこと、また、「国の独立」ということが如何に重要な意義があるかということに対しての認識が今日の日本に欠けているのではあるまいか。

了三の考え方や行動の今日的意義については、近時、明治維新や明治時代の研究が盛んになってきたことと併せ考えてみたい。即ち、明治維新に関する研究の著書が非常に多く出版され、歴史家がこの方向に眼を向けていること、また、テレビドラマなども『花神』や『明治の群像』『翔ぶが如く』がとりあげられ、教育番組で特に目をひくのは、「学問のすゝめ」「近代学校への過程」「森有礼と教育令」「明治憲法の制定」「教育勅語体制」「教育勅語と教育論争」など、明治政府の政策に対するものが放送されている。外国に眼を向けると、例えば、アメリカのハーバード大学のジャンセン教授は、幕末から明治にかけての日本歴史を専攻し、卒業論文も「坂本龍馬と明治維新」というので、明治の日本歴史を一生の研究テーマとしているし、アメリカの若い多くの学者が日本史研究に情熱を傾けている。

明治新政府の方針の中に、今日の日本を築きあげてきた要素とは逆に、今日の日本が未だ曽てないほどの危機に陥っている要素と、相矛盾するものを併存していたことに思い当たるのである。

了三研究の今日的意義は、明治維新を東洋史の中で、また世界史の中で、即ち国際的要因との関連の中に組み込まなければ解明することはできない。かかる観点から了三の事績が今日如何なる意義をもつのか、また未来を生きる日本の進路をさぐる上に、そして、その進路を選択する上に、明治維新と了三との研究が如何なる意味をもつのであろうか。

今、最も必要なのは、内（日本）と、外（外国）との関係を究めるとともに、「中心」と「周辺」との関係を全体としてとらえる思考が大切である。

了三は、「郷里中村のために何をしたか」という問題があるのは一理あることであるが、それのみで評価するのは一面的すぎると思う。

今や世界は、地球全体の調和をはかるための地球政治学の構想がある。地球的時代を迎えた今日、自国にしっかりと足をつけながら、広く、地球的視野でものを考えるのでなければ、新時代を切り開いていくアイデアもエネルギーも生まれてこない。敗戦後、今日まで政治性と経済性のみに生きてきた日本に、最も欠けているものは、道義性と宗教性であると痛熱な批判をした人がいる。究極は教育の問題になると思う。

経済に恵まれない隠岐にとって、明治維新や了三を研究することにより、真に郷土のため、国のため、世界人類のために尽くすことのできる人材育成こそ、今日的課題ではなかろうか。隠岐の人にも、もっと自信をもって力強く生きてほしいと思うのである。

要するに、明治新政府の方針が明治時代の日本人を形成した体質が今次敗戦まで続くのである。敗戦により全く生まれ変ったかにみえた世相をよく考案してみると、現象面は変ったかにみえ、その体質の根本は少しも変っていないところに、今日の日本がかかえている深部の危機的要因のあることを識者は真剣に憂えているのが感じられる。

故に、了三の考え方をさぐることにより、明治新政府の在り方に批判を加え、今後の日本の進路を誤まらしめないようにする努力をすれば、今からでもおそくはない、必ずや、立直ることを信ずるものである。その成否は今後の努力如何にかかっていると思う。

第七章

了三に関する参考文献の引用

一、釋奠《せきてん》廃止建議書稿

「中沼葵園先生釋奠廃止建議書稿」という原稿がある。それによると、

「　東京ニテ中沼了三奏議

釋奠ノ禮唐ノ玄宗ヨリ始リ四科十哲ノ陋説後人察セス能之ヲ正スヲ知ラス甚可惜也論語ニ正名トアリ春穐名分ノ書也孔子疾病ノ時子路君臣ノ大葬ヲ為ント欲ス欺天ノ語ヲ以テ責之簀ヲ易ルノ日猶懇ニ名分ヲ正シ毫モ借差セス是ニ因レハ名分大義ハ孔子殊ニ重スル所也然ルニ王号ヲ加ヘ日月ノ服ヲ着セ高壇ノ上ニ拝趨禮敬ス是何ノ義ソ孔子知ルアラハ豈如此ノ非礼ヲ受ンヤ必泰山林放ニ如カサルノ責アルヘシ是皆孔子ヲ貴フヲ知テ孔子ヲ尊フノ道ヲ知ラサラン者ノ為ス所甚無謂事也唐土ニ於テ猶然リ況ンヤ吾神州ニ於テハ祀典ハ殊ニ重事也苟モ異國ノ神ヲ取テ禮ス理ニ於テ大ニ戻リ困ニ取テハ甚恥ツヘシ決シテ神明感格ノ理ナシ是全ク児戯ニ均シキ者也今大改一新萬機振齊ノ時如此違乱ノ禮之ヲ學中ニ存ス天下ニ明示スルノ道ニ非ス且學校ハ政事ノ根本礼儀ヲ正スノ地非禮ノ禮一日モ存スヘカラス仰願クハ速ニ聖廟ヲ廃シ釋奠ヲ停メハ名分正シク根本清ク庶幾クハ教化ノ道ニ於テモ亦其順正ヲ得ン此臣忌諱ヲ憚カラス建議スル所以也

巳三月　中沼了三」

この建議書についてどういういわれがあるのか久しく不明であったが、『斯文《しぶん》六十年史』（昭和四年四月刊）という本が昭和五十二年（一九七七）一月、手に入ったのでそれを見ると次の一文があった。

「（嘉永）二年四月七日孝明天皇額を學習院に賜ひ、右大臣近衛忠熙《ただひろ》勅を奉じて之を書せり。學習院の名称は此の時より確立せしもの丶如し。此の年八月廿日仲秋の釋奠を小御所に於いて行ひ、翌三年二月四日には仲春の釋奠を學習院に於いて行ひ、古式を復興せらる。其後は年々學習院に於いて之を行ふを例と為す。此くして學習院は中世の大学を復興したる観ありて、年々人材を輩出したりしが、文久二年十二月十二日、在京諸大藩の留守居を學習院に會して攘夷實行に就きての京阪の守備を諮問し、又意見ある者は何人たるを問わず、學習院に至りて建言せしむることとなせり。是に於て諸藩主、及留守居、處士の上奏、建言相踵ぎて至り、學習院は一変して天下議政の堂と化せり。……」

この二つの文から考えてみると、了三は、あくまで日本古来の伝統を無視して外国の神をまつるのは根本的にまちがっている。今や明治維新に際し、学習院でのこうしたことを直ちにお取り止めになれば、大義名分がたち、また教化の道も正しくなると思うので、申しあげにくいことではあるが建議する次第である、という意味であると思う。

了三は学習院の講師もしていたので特に関心が深かったにちがいない。この建議書は案とあるので、天皇に出したかどうかはわからない。

二、『文武館百年史』（奈良県立十津川高等学校　昭和三十八年十一月三日発行）

中西孝則の『十津川記事』

「(元治元年)五月四日、折立村松雲寺を以て仮りに文武館となし、毎村先づ郷費生徒一名を出さしめ、朝廷の儒官中沼了三翁命を蒙り、之に臨んで開館の典を行ふ。此日先生大学の三綱領を講ず。……先是我先輩等、文武の道振はざるを憂へて、朝廷へ内願するところありしが、遂に恩命ありて爰に此開校の良運に至りしなり。……」

「元治元年二月、孝明天皇の朝廷において文武館開設の御沙汰を拝した。十津川郷中一同、文武修業専一たるべしとの恩諭にちなむ。かくて十津川郷折立村松雲寺を文武館舎に仮用し、五月四日、儒官中沼了三の着任を得て開館の式典をあげた。十津川郷学文武館の生誕である。……この文武館で教育された者が王政復古や戊辰戦争に従軍し教育の恩恵を多く感じたろう。……」

「田中主馬蔵日記」に、

「中沼先生十津川行被仰候趣キ、先生家ヨリ由来候事。」
三、『のびゆく奈良』(奈良県教育委員会　昭和二十九年発行)
「県立十津川高校創立十周年記念式が十月二十五日行われ、式場には文武館ゆかりの孝明天皇肖像、中沼了三先生の筆蹟などの軸物が掲げられ、……同校は元治元年孝明天皇の内勅によって松雲寺に儒官中沼了三を迎えて開設された郷校文武館がその前身であり、……」
四、『明治天皇紀』第二(吉川弘文館　昭和四十四年三月三十一日発行)

「(明治二年三月五日) 大和國十津川郷士の多年王事に勤労せるを賞して現米五千石を賜ひ、郷中の豪族十人を中士に班し、且兵を出して京都を宿衛せしめ、其の地六十箇村を奈良府に属せしむ、○宮中日記、議政官日記、門脇重綾維新公書」

五、『ながらのさくら』(西川太治郎著　昭和二年十一月二十五日発行)

「明治大帝の侍講中沼了三先生　湖南学舎の遺蹟　王政復古の活歴史」によると、

「明治十五年八月当時の県令籠手田安定氏発起して湖南学舎創立計画を為し十六年五月園《おん》城《じょう》寺《じ》山内光浄院に開設した、其講師は明治大帝侍講中沼了三氏及中沼清蔵氏にして経学を専攻として史類を余科とした、……光浄院を本校とし別に寄宿舎二棟を建設す、……抑も此中沼了三とは如何なる人ぞ、世間其事蹟を知るもの甚だ少く只普通の漢学者のように思って居るものが多いようであるが今回図らずも其事蹟を詳悉するを得たので之を公にす、蓋《けだ》し維新中興の大立物で一読誠忠無二の人傑たるを知るに足るであろう、所謂野に遺賢と其れ如斯人を云ふならん歟」

「……岩倉公は明治二十一二年の頃久しく了三先生を誤解して居た事を悔たと見へ、人をして私《ひそ》かに先生の生活状態を視察せしめた、偶《たまたま》 赤沼氏(三男璉三郎)は其厳父(了三)が高齢となられたるを以て家計の如何を顧みず其晩年を慰めんが為書院を新築中であった使者之を見て中々困難しては居らぬと報告したらしい、而も事実は負債山積であった、(後の宮内省からの)年金の御沙汰は、岩倉公の執成しのようである、当時中沼先生は同公に対し時事問題に付意見を開陳せし処漸次之を採用せんとして果さず薨去になった、蓋し岩倉公と先生との会見は時の滋賀県令籠手田安定氏を介し大津に於てのことならんといふ。」

「明治二十二年三月十五日特旨を以て一ヶ年金弐百円下賜其辞令左の如し

中沼了三

維新前後国事に鞅掌勤労不尠且侍読も奉仕候処追々高年相成候に付特旨を以て自今一ヶ年金二百円下賜候事」

六、『闇斎先生と日本精神』（平泉澄《きよし》編　昭和七年十月二十三日発行　至文堂）

同書の中で、内田周平は、

「孝明天皇の末年、尊攘の説盛んに起り、天下の志士靖献遺言を読まざる者なし。明治天皇御幼年の侍講たりし学習院教授中沼了三は唯々絅斎の学を伝えしのみならず、併せて其の赤心報国の刀をも伝へ、大久保利通と共に謀りて、仁和寺宮（後に小松宮）を征東総督《ママ》に薦め奉りて錦旗を出さしめ、伏見鳥羽の陣中に於て、赤心報国の刀を佩《お》び靖献遺言の書を進講し奉る。やがて明治四十三年十二月一日、絅斎の二百年祭辰に当り、詔して祭粢《さいし》料《りょう》を下賜し、従四位を追贈し給ふ。」

七、『先哲略歴』（大津市教育会編　発行年月日不明）

「明治十六年、籠手田県令の斡旋により、三井寺山内光浄院に「湖南学舎」を設け、名分を明らかにし、大義を立つるを以て講学の基本とし、……当時の学舎は、先生（了三）これを主宰し、長男清蔵をして専ら教授に、三男璉三郎をして武道の指導を担当せしめらる。」

八、『明治天皇と輔弼《ほひつ》の人々』（渡邊幾治郎著　昭和十一年十月二十一日発行）
「政治上の師傅《しふ》とし、輔導《ほどう》としては、前に三条実美・岩倉具視・大久保利通・西郷隆盛・木戸孝允等あり、下って伊藤博文・山県有朋等があり、君徳上の師傅としては、中沼了三・元田永孚・佐々木高行・吉井友実等があった。これ等の人々は、一長一短はあったが、純忠至誠、我が君を堯舜にし、神武景行《じんむけいこう》の大業を成就せしめんと尽瘁《じんすい》したことは一つである。」
九、『明治天皇』（木村毅著　昭和四十九年一月十日発行　新人物往来社）
「明治天皇は…戦争には本能的なaversion（嫌悪）をもっておられたようだ。

その証拠の一つとして、明治十四年に文部省が教育制度を改正し、「小学校教則綱領」を定めたが、その時天皇は文部書記官江木千之《かずゆき》をよび、

「大体よくできていると思うが、歴史の点で異議がある。これでみると、神武天皇東征、前九年、後三年の役、保元平治の乱、源平の乱、応仁の乱、朝鮮征伐、関ケ原合戦、天草の乱、維新の役と、まるで戦争ばかりしている国のような感じを与える書き方だ。これは、後世の子弟をして、戦争好きにならせる恐れがあるかも知れない。昔の王政時代には平和繁栄の見るべき治績もあったようだから、それらの事を書き加えよ。」

との仰せがあった。…それら文化の顕揚時代のことを書き加えるとともに、…仁徳《にんとく》天皇や延喜天暦については特筆大書し、…維新の変乱は「王政復古」と変えたということを江木が語っている。

「最も特筆すべきは、大久保一蔵（利通）、後藤象二郎、木戸準一郎の下参与を引見して、親しく外国情勢その他の質問があったことだ。天子の前に伺候《しこう》するは、公卿でも四位以上に限られ、大名も叶わぬことであったが、近ごろは大名の中でも数人は議定となって咫尺《しせき》をゆるされたとしても、いわゆる草莽の藩士が御前に出るなどということは、望まれ得べきことでなかった。」

一〇、『日本の歴史』（中）（井上清著　昭和四十年十月二十三日発行　岩波書店）

「旧幕府領の隠岐島では、そこの施政に当る松江藩が新政府に忠誠かどうか明らかでないうちは、新政府は民衆の松江藩に反抗する蜂起を支持したが、松江藩が政府に忠誠を誓うと、政府はたちまち同藩をして隠岐島民を鎮圧させた。

そのうちに越後と奥羽の諸藩が新政府に抗戦し、松江藩のたいどがまた怪しくなると、政府は、京都と越後・出羽の海上交通路の要地に当る隠岐島を松江藩に管理させることに不安をいだき、同藩が五月に島民をみだりに殺傷したということをもち出してこれを責め、隠岐島を鳥取藩にあずけ替え、島民の自治をゆるした（六月）。内乱が終ると、政府は島民自治をまた奪い、さらに二年後には、島民闘争の幹部を、松江藩に武力で反抗した罪で刑に処した。

これらは偶然の事例ではなかった。天皇政府にとって不安な領主勢力にたいしては民衆をけしかけ、民衆の革命化にたいしては領主をけしかけ、その間に領主の力をそぎ、民衆をおさえつけて、じぶんに権力を集中してゆく、これが天皇政権確立の基本路線であった。」

一一、『明治天皇』（筑波常治著　昭和四十二年九月十日発行　角川書店）

「……国内の政治体制にかんしては、孝明天皇は討幕論には絶対反対であった。……孝明天皇は生涯をつうじ、幕府にかわらない信頼をいだきつづけていた。しかしその反面で、朝威の回復を望んでいたことも当然であった。……幕府とのきずなを密接にするため、古来のしきたりを破って、妹の和宮を十四代将軍家茂に嫁がせることもあえてした。皇女と武家との縁組は、日本の歴史始っていらい、めったに前例のなかったことである。……そこで天皇は腹心の中川宮朝彦親王と謀り、薩摩、会津両藩の兵力をかり、討幕派勢力を京都から一掃するクーデターを断行した。「文久三年八月十八日の政変」とよばれているのがこれであり、長州藩が京都を追放されたのはこのときであった。……その孝明天皇が、慶応二（一八六六）年十二月二十五日、突如として崩御した。天然痘による病死と発表された。しかし岩倉具視ら討幕派の手により、暗殺されたものだといううわさがひそかに流布された。暗殺が事実かどうか、確証はない。しかし、うわさのたったことだけをしめす証拠ならば、いくつか残されている。」

一二、『師と友』（昭和三十三年十一月号　全国師友協会）

このうち「若き明治天皇の御面影」（編輯部著）によると、

「明治天皇が「宋名臣言行録」を非常に御愛読になったことは有名な話で、……若い頃の御日常をみても、……寸暇を惜んで学問に打ちこんで居られる。……又、明治二年の太

政官日誌によって改正御日課をみると

（中略）

一の日、七の日

朝辰半刻　詩経講議　中沼六位

（中略）

四の日、九の日

（中略）

昼午半刻　大学講議　中沼六位

五の日、十の日

（中略）

昼午半刻　国史講議　福羽五位、平田六位」

一三、『東洋民権百家伝』（小室信介《こむろしんすけ》編　昭和三十二年七月二十五日　岩波書店）

終りに「解説」として著者である小室信介の紹介が出ているのをみると、小室は宮津藩の出身で、慶応三年（一八六七）十六歳で礼譲館助教となっている。よほどの秀才であったらしい。同書の文を引用する。

「……まもなく選ばれて京都に遊学し、葵園中沼了三に師事したという。中沼は、梅田雲浜の岳父で天誅組の志士乾十郎などの師でもあった上原立斎の師であり、庇護者であったから、当時の尊王派につながる学者である。」これをみても、当時幅広く色々な人に影響を与えたようである。

了三に関する知人よりの手紙

一、高田島根県庶務課長と石井先生

昭和十九年（一九四四）七月、筆者が隠岐支庁で島根県属兼視学をしていた際、県の庶務課長高田賢造から、次のような手紙をもらった。

「拝啓『中沼了三先生御事蹟』を石井先生宛送付下され候趣、今般同先生より小生宛、別紙の通り来翰有之候。参考迄にお知らせ申し上げ候。中沼先生研究を推進下さらば幸甚に存じ候。この点石井先生の所見と全く同一に有之候。先生に直接御通信下さらば有益のこと可多と存候。

昭和十九年七月十六日

高田賢造

中沼視学殿」

石井先生から高田庶務課長宛の手紙は、

「七月十二日、『中沼了三先生御事蹟』拝受仕候。中村教育会の御熱誠奉感謝候。横地満治先生の御述作の由、難有候。希望左の如く候。

(一)出所出典を書いておく。(二)中沼家の現在に至るまでの系譜。(三)中沼先生の年譜。(四)中沼先生進講録。(五)詩文集。

右については、福羽子爵、元田永孚男爵家に材料ある筈、中沼伝は、実に甚大なる有意義に存候。横地先生に一層の御努力を願上候。県の立場よりも御督励願上候。小生は実に感謝仕候。」

と、ある。

この『明治天皇侍講故贈正五位中沼了三先生御事蹟』(中村、横地満治著)は、高田庶務課長の指示で筆者が石井先生に送ったもので、それに対する返事である。

二、梅沢芳男

筆者が東京都の梅沢芳男に『中沼了三傳』(中沼郁著)を送ったところ、次のような手紙がきた。

「昭和十三・四年頃、学友池上幸二郎丈と『山崎闇斎と其門流』を編集発刊の折、小生、「明治時代の崎門学」の一編を稿した折、葵園先生(了三のこと)のことにふれておきましたことを記憶している程度で、詳細な資料もなく知るに由なく汗顔の至りでした。その他は、『崎門学脈系譜』に収載されていることを知る程度でした。尤も秋水先生(了三の兄龍之助)の長男、円太郎先生の『肝銘録』という一冊を弱年当時入手して拝読したことを覚えています。

この度の御高著により詳細を知ることができてまことに何より厚くお礼申しあげます。

昭和五十一年七月十日

中沼郁殿　　　梅沢総人」

了三にまつわる話

一、海亀と泉水

筆者の家（了三の生家）の庭に、日本海を型取った古い池がある。この池の中に石造りの小島があるが、これは了三が兄参碩と中村の沖へ漁に出たとき、大きい海亀がいたので生取って帰り、古来からの風習にならって酒をうんと呑ませて再び海へ連れて出て放してやった。亀は御馳走になったといわんばかりに何度も了三兄弟の方を振り向きながら沖へ去ったという。了三は、「動物ながら恩義を知っている」と、亀の行為を道徳的に解し、有徳亀として記念しようと亀の形に似せてこの小島を作ったという。

この池の水はわき水で、どんな日照り続きでも決して枯れることがない。この池には大きな鯉やうなぎがいたのを覚えている。向こうに井戸があり、その水は大変きれいで、しかも冷たいので飲料水として近所の人も汲みにきたものである。また、村人は病人に飲ませるため遠くから汲みにきたのを覚えている。今は簡易水道になり、古井戸として形だけが残っている。

この池を「泉水」といっていた。泉水と名付けるためには、「ナギの木」「タラヨウの木」「ナンテンの木」の三種類の木があることが条件であった。今もそろって生き続けている。「ナギの木」は、祖先が京都へ医者修行に出ての帰りに鉢植にして二本持ち帰ったものの一つである。今は大木に生長し名木となっている。他の一本は西郷町飯田佐藤智男宅に現存している。琉球や屋久島に野生するもので、隠岐で生育しているのは珍しく生育の北限だといわれている。植物学者丸山巌《いわお》の話によれば、これが野生のものであれば記念木になるとのことである。タラヨウの木は、筆者が小さい時、大木であったが、その後枯れてなくなったと思っていたが西村の田中三夫が調査したところ、芽が出て残存しているのを発見し、植物名をかいた札をつけている。

二、了三と、よい言葉

昭和五十年（一九七五）十一月二十五日、隠岐中村出身で、現在米子市に住んでいる、田中コノリ（旧姓石田）から次のような話を聞いた。

「私が今から五十年位前に横浜へ行ったとき、お父さん、お母さんといったら横浜の人が、中村のような田舎でそんなよいことばを使うはずがない。横浜でもオトッツァン、オカッツァンといっているのに、といわれたので、そのことを中村の谷サイ（紺屋）さんに話したら、サイさんは、「母（故人）からきいたことだが、これは、中村から出られた中沼了三という偉い先生が、京都から郷里の中村へ帰られたとき、お父さん、お母さんというよいことばを一つずつ教えて下さったからで、めったに帰られなかったけれど、もっと度々帰って教えて下さるとよいのにと、中村の人はいったそうです」と話して下さったのを覚えている。」と。

三、了三と烏の鳴声

了三が、烏の鳴き声によって闘牛の角折りを予言して、闘牛の綱取りを後悔させたり、数日前に故里の大火を予言したことがあったので、村人は、「先生は烏鳥のいうことがわかるそうだ。」といったという。

四、盗賊をにらみかえす

了三が、京都からの帰途、岡山から四十曲を通って隠岐へ帰る途中、盗賊におそわれたことがあったが、賊が了三におそいかかろうとすると、了三がふり向くのですくんで後へ下る。それを何回もくり返したが遂に賊は恐れをなして、とうとう一物も取らないで立去ったという。（この話は筆者が了三の甥佐藤重次（西郷町）からきいたものである。）

五、帯のまきかた

了三は、いつでも帯は必ず二つ折にして、一回しかまかなかった。これは、不時の際、帯をすぐ解くことを考えてのことであったらしい。（佐藤重次談）

六、郷里の言葉

了三は、大へん愛郷心が強かったとみえて、公卿、藩士、志士、学者等と話す時には、決して中村弁を捨てなかった。隠岐弁でも、使い方では決して下品でいやしく聞こえず、上品な言葉として通用することを実証したものだといわれている。（横地本による）

七、九右衛門ぢいさん

京都の浄土寺村に、「浄土寺聖人」といわれていた、中村九右衛門という老人がいた。

この老人が毎晩のように浄土寺村から、京都吉田山の了三の家へきて、了三から天下国家のことを聞き、自分も大いに自論を述べ、話がはずむと、キセルの火がたたみの上に落ちてたたみがこげるのも知らぬほどに夢中になって了三の話を聞いたという。（中沼忠蔵談）

八、忠犬「シロ」

了三は、秋田犬の「シロ」を大へんかわいがっていたので、了三が外出するときは必ず一緒について行き、話がすむまで門前で待っていたという。これは当時、京都は物騒なので、身を守るため犬を飼っていた。ところが、了三が亡くなるや、家族の人は皆、葬儀のため忙しくて、シロのことに気がつかなかった。葬儀がすんでから、シロをさがしたが、どこへ行ったのかその姿はみえなかった。その後、誰云うとなくシロは、了三に殉死したのではないかといううわさが流れたという。（中沼忠蔵談）

九、落ちつきぶり

或時、了三が、朝早く起きて京都市内を流れる川で顔を洗っていた。その時、門人がけたたましい叫び声で、「先生生《な》ま首が」とさわいだので、見ると、斬られてまもない人間の生《な》ま首が血にまみれて了三の鼻の先へ流れてきた。了三は少しも驚かず、落ち着いて静かに生ま首をおしのけて顔を洗うのをやめなかったという。了三の平素の沈着ぶりがうかがわれると。（横地本による）

一〇、村民のはやしうた

郷里の中村では、「三条、岩倉、殺さにやならぬ」という歌が、宴会の席などで、「はやしうた」として歌われたという。これは、了三が、三条、岩倉等の諸公と意見の違いから、はげしく議論し、辞表を出したこと、また、無実の罪にとわれて鹿児島藩邸へあずけられたことなどから、村民のいかりが爆発して口ずさんだものだという。（横地本による）

一一、了三夫人と盆歌

筆者が昭和五十二年（一九七七）五月三日、郷里中村のお墓参りに帰ったとき、一人の老母にあった。この人は千葉ヨシノという民謡の名人である。そのとき、次のような話をきいた。

「わたしが母（シモ）からきいたことだが、屋敷（中沼家）の「なげし」には了三先生の奥さんの大きな「ナギナタ」がかけてあったと。また、盆歌の前歌に、「おそめこそよけれ、コレワイショ、京や大坂のおそめこそよけれ、ハーヤートナー、ヤートナー」という歌は、了三先生の奥さんの作だということです。今年は、この歌を歌って了三先生の顕彰碑の前で盆おどりをおどろうとみんなで話しあっています」と。感がい無量のものがあり、ここに書きとめたのである。

ヨシノ夫人の主人千葉武一氏は屋敷（中沼）の子方《こかた》であったということもきいて昔に思いをはせた。

一二、順子（了三の孫）の手紙

「祖父了三は、門弟思い、肉親思いの強い人でした。家訓として「一椀《わん》半椀主義」を一生実行しました。一椀のものでも親類同士でわけあって仲よく助けあうということ、ここに本当の和があるとし、度々親類を呼んで会食をしたので、そのために母は「いつも台所で七輪に火をおこして御馳走作りに忙しかった」「祖父了三は大へんな親思いで、いつも珍らしいものや金銭を送って母親を慰めることを忘れなかった」と話していました。金銭のことについては全く我関せずで、一切父（長男清蔵）任せ、叔父（三男璉三郎）任せでした。

浄土寺村に九右衛門という老人がいたが、いつも了三の話をききにくるのを楽しみにしていた。この老人が母の着物をこっそり質屋へもっていって金をこしらえて渡したといいます。また、祖父（了三）は、門弟思いであったので、困っている門弟がいると、自分のことを忘れて助けてやりました。「児孫のために美田を買わず」という西郷隆盛の言をそのまま実行しました。

九右衛門ぢいさんは、毎晩祖父の講義を聞きに来て、遅くまでいて夜食を食べないと帰らないので、母が気の毒になり、私たちが子供心に下駄の裏へ灸をすえて早く帰るようにと、まじないをしました。私は十三歳の時まで祖父と共に生活しましたが、祖父はいつも夜食を食べる習慣がありました。」

一三、侍講として講義中の出来ごと

順子から、昭和三十三年（一九五八）八月十日付の手紙には次のように書いてあった。

「……祖父侍講にて奉仕のみぎり、寒い日明治天皇に御進講申しあげておりました際、老人故、寒いだろうとの侍従のお心やりにて、後の方に火鉢をおかれましたのに、了三気付かず、御前を退下致します折、その火鉢をひっくり返しました由で、了三驚き、恐懼冷汗、家に帰り、直ちに侍従まで進退伺いを呈出いたしましたら、「了三はけがしなかったか」との勿体ない言葉を賜わったので、祖父は感泣したとのことで云々……」

中沼清蔵と信一郎

清蔵は、了三の長男である。大和の十津川文武館創立の際は、了三と共に出向いて文武館の教育に当たった。了三が開館式を終えて京都へ帰ったので、その後文武館の教育に当たったのは清蔵である。

清蔵は戊辰戦争の際、了三が参謀として征討大将軍仁和寺宮に従軍して戦争に参加しているとき、共に従軍している。『錦之御旗』の絵図には、東寺の本陣で軍議を開かれた際、了三も下座に坐し、大将軍宮が負傷兵を慰問された場面にも、お伴をし、大将軍宮が淀城へ進撃された際にも了三の後に列して従軍している。三男璉三郎も参加している。了三が大津に「湖南学舎」を開いた際にもそこの教育に当った。

清蔵は、旧制第一高等学校（東京）、第三高等学校（京都）、第五高等学校（熊本）、早稲田大学の教授もしている。

信一郎は清蔵の長男（了三の孫）である。京都帝国大学卒業後、弁護士、横浜市助役を務め、明治四十一年（一九〇八）には、隠岐島から衆議院議員に当選している。海士町崎から知夫村への海底電線をつけるのに尽力したとみえ、当時の知夫村長石橋庄太郎より開通式の案内状が、明治四十三年（一九一〇）十二月二十二日付で信一郎宛にきているのを今も信一郎の長男忠蔵が保存している。

「赤心報国」の太刀

了三が参謀として従軍中常に腰にさしていた太刀について、了三の孫の信一郎は、刀の写真の裏面に次のように書いている。

「赤心報国、太刀二尺二寸、浅見絅斎先生愛刀、幕府旺盛時代、勤王家朱子泰斗浅見絅斎安正翁愛用の銘刀、永禄長船祐定作。

刀紐ニ翁曰ク、自ラ赤心報国ノ四字ヲ漆書シ、以テ大義名分ヲ唱へ、王政復古ヲ以テ自ラ任セリ。先生ヲ祖述セル先人了三之ヲ伝へ、終生坐右ニ備ヘタリ。明治四十三年十二月一日、絅斎ノ二百年祭典に当リ、土方、東久世両伯、弟子等ノ尽力スルトコロアリ。天徳ニ達シ、従四位ヲ贈ラレ、祭祀料百円ヲ賜リ、実ニ昭代ノ美事、懦夫ヲシテ戦慄セシムル思ヒアリ。

明治四十三年十月八日記之　　孫信一郎」

（中沼忠蔵氏所有）

第八章

了三の顕彰記録

一、「故正六位中沼了三恩典御詮議願書」
　大正四年（一九一五）十月、若槻《わかつき》礼次郎（松江市出身、首相となった人）、東久世通敏《みちとし》、西郷従徳《じゅうとく》、浜口雄幸《おさち》ら、十二人の連名で、内閣総理大臣大隈重信宛に、大正天皇御即位記念の恩典が行われるに当たり、了三に恩典を賜わるよう詮議願書が出された。そのため、大正四年十一月十日、特旨をもって、正五位が追贈された。

二、隠岐教育会
　隠岐教育会（会長は隠岐島司、今の支庁長、村上寿夫）の主催で、大正五年（一九一六）八月二十八日、西郷町で「中沼先生追悼招魂祭」を行った。これは、大正天皇の御即位記念に、了三が正五位を追贈されたのを記念して行われたものである。村上会長（島司）、西郷小学校長大谷次郎、西郷町長大西音吉の祭文は、筆者が保存している。この時、和歌を作って了三をたたえたのが、板木萬之丞、大西元祐、松浦荷前《のざき》、佐藤直平、佐藤貞五郎等である。

三、中沼先生鴻徳《こうとく》顕彰会
　昭和三年（一九二八）六月、「中沼先生鴻徳顕彰会」ができ、中村村長木下茂二郎が会長となり、会則十二ヶ条をきめている。副会長中村小学校長井口保次郎、中村助役渡邉信二郎、常務委員長中村収入役田中民之助の諸氏が就任し、了三の事績等を印刷して配布している。

四、島根十傑投票

昭和三年七月、松陽《しょうよう》新報社（現山陰中央新報社）が、「島根十傑」を投票で募集した際、前記顕彰会が主となって当選をめざし、全村民、島民あげて投票に尽力したので、第二位に当選することができた。

五、隠岐島勤皇護国烈士先覚者顕彰会

昭和十八年（一九四三）十月一日、「隠岐島勤皇護国烈士先覚者顕彰会」が結成され、西郷町長名越隆成が会長となり、同会主催で、「中沼了三大人《うし》頌徳《しょうとく》追悼祭」が中村国民学校において盛大に行われた。

来賓として、県知事代理隠岐支庁長石川唯一、浦郷村長今崎半太郎を始め、各町村長その他多数の参列者があった。名越会長が祭文を読み、水若酢神社宮司忌部正幸が祝詞《のりと》をあげたが、その時の祭文と祝詞とは筆者が保存している。

当時、筆者は、島根県属兼視学として、隠岐支庁に勤めていたので参列することができた。

六、大政翼賛会隠岐島支部

同支部（支部長名越隆成）においては昭和二十年（一九四五）四月一日、了三の肖像と、了三が、征討大将軍宮の前で『靖献遺言』を講義しているところの図絵をつくり、中村国民学校へ寄贈し顕彰した。ところが、今次太平洋戦争に日本が敗れて、連合軍に占領されたので、進駐軍命令でこうしたものを学校から取り除くよう指令がでたので、この額は筆者の家（中村）に保存していた。ところが、五箇村長寺本演義が隠岐郷土館に寄贈してほしいと要望されたので寄贈した。現在、隠岐郷土館（五箇村）にかけてある。

図絵のうち、了三の肖像画は、出雲市の森山素光氏の作であり、他の絵図は、中村小学校長安井敦夫氏の依頼で永海政雄訓導が描いたもので、いずれも『錦之御旗』からとったものである。

七、中沼了三先生顕彰会

了三の郷里である隠岐郡西郷町中村では、了三の業績を顕彰しようという動きがあったがいよいよその機が熟し、昭和五十一年（一九七六）一月一日、「中沼了三先生顕彰会」を発足させて規約をつくり会長田中全、副会長森善勝、田中三夫、原茂徳、事務局長田中実、顧問木下春夫、高柴武彦、中沼郁、常任委員及び実行委員二十四名が役員となった。事業として（一）中沼了三先生顕彰碑の建立、（二）『中沼了三傳』の刊行、（三）顕彰碑周辺の整備の三件を計画し、顕彰碑建立の趣意書を中村全町民に配布して協力を呼びかけたので、町民あげての大事業となり、また、隠岐島はもとより東京から九州までの広範囲からも協力がよせられた。『中沼了三傳』（中村郁著）を刊行し全戸に配布した。碑の石は、中村海岸の玄武岩（田中三夫発見）を用い、文字は中村出身の赤沼宏の筆により、立流な顕彰碑ができた。よって了三の生地である西郷町中村四十一番地に建立し、昭和五十一年十一月三日（文化の日）に盛大な除幕式が行われた。幕をひいたのは、中沼美津子、田中美和の二人。小柏美金事務局長の司会で式が始まり、田中全会長の式辞、田中実前事務局長の経過報告があり、西郷町長橋本宮助代理村上好一助役及び、隠岐島後教育委員会教育長高梨武彦両氏の祝辞の後、了三の曽孫中沼忠蔵が謝辞を述べ、最後に、中村中学校生徒の「校歌」の斎唱があって式を終わった。

当日は、西郷町名誉町民永海佐一郎夫妻を始め、名越隆正、中川四郎の両県会議員、布施村長山口貞美、五箇村長寺本演義氏等の来賓を始め、顕彰会の顧問木下春夫及び全役員、小中学校生徒、町民多数の参列者があった。東京を始め京都、奈良方面から、了三の子孫の方が参列されたことも意義のあることであった。

了三の年譜

年号	月日	西暦	事項
文化一三	五・六	一八一六	隠岐国周吉郡中村において出生（現西郷町）
天保 六	二・	一八三五	京都鈴木遺音の門に学ぶ
一四		一八四三	京都烏丸竹屋町に私塾を開く
弘化 三		一八四六	学習院講師となる
			壱ヵ年正米六拾石被下候事
			横井小楠了三を京都に訪問す
安政 四		一八五七	仁和寺宮法親王に伴読す
元治 一	五・四	一八六四	十津川に文武館を創立す
慶応 三		一八六七	難を十津川に避く
	一二・	一八六七	新政府の参与となる
四	一・	一八六八	征討大将軍宮の参謀となり、鳥羽伏見・大坂へ出陣す
	一・七		淀城において『靖献遺言』を進講す
			和歌山城受城使となる
明治 一	一〇・		漢学所講師となる
二	一・二〇	一八六九	明治天皇侍講となる
			従六位に叙せらる
	三・九		昌平学校一等教授となる

	四・		侍読仰せ付けらる
	四・		北白川宮智成親王に伴読す
	六・二		参謀として戊辰戦争に尽力した功により慰労の目録もらう
	一〇・二		正六位に叙せらる
三	一二・	一八七〇	三条実美、徳大寺実則と激論す
	一二・		辞表を出す
四	三・二一	一八七一	御不審の筋あり鹿児島藩邸へ御預被仰付（一カ月で許された）
	四・一三		本官を免じ、位記を返上させらる
			京都へ帰る
			京都において私塾を開く
五	七・	一八七二	罪を許される
九	六・	一八七六	再び罪の疑を受ける（十日で許された）
一六	五・	一八八三	滋賀県大津に湖南学舎を開く
一八		一八八五	湖南学舎を閉じて京都へ帰る
二〇	一二	一八八七	再び官途につくよう乞われたがことわる
二一	一二	一八八八	久邇宮家の信任を受く
二二	三・一五	一八八九	維新前後国事に鞅掌の功により特旨を以て一カ年金二百円を賜う
二六	一〇・	一八九三	特旨を以て正六位に叙せらる
二七	九・	一八九四	明治天皇を広島大本営へ慰問す

年号	月日	西暦	事項
明治二九	五・一	一八九六	京都東山浄土寺村において歿す
	五・		特旨を以て祭祀料百円を賜う
大正 四	一一・一〇	一九一五	特旨を以て正五位を追贈せらる
五	八・二八	一九一六	隠岐教育会主催「中沼先生追悼招魂祭」が西郷町において開催された
昭和 三	六	一九二八	隠岐中村に「中沼先生顕彰会」を創立す
	七		島根十傑投票において第二位に当選す
一八	七・四	一九四三	『明治天皇侍講故贈正五位中沼了三先生御事蹟』（横地満治著　中村教育会）刊行
	一〇・一	一九四三	隠岐島勤皇護国烈士先覚者顕彰会主催「中沼了三大人頌徳追悼祭」が中村国民学校において開催された。
四〇	一二・五	一九六五	『郷土の偉人　中沼了三傳—隠岐の生んだ明治維新の先覚者』（中沼郁著　島根青年新聞社）
五一	一・一	一九七六	隠岐郡西郷町大字中村に「中沼了三先生顕彰会」が設立された
	五・一		『明治天皇侍講　中沼了三傳—隠岐の生んだ明治維新の先覚者』（中沼郁著　中沼了三先生顕彰会）刊行
	一一・三		了三の生地中村に「中沼了三先生顕彰碑」を建立す
五二	九・一〇	一九七七	『隠岐の生んだ明治維新の先覚者　中沼了三　付隠岐騒動』（中沼郁著　中沼了三先生顕彰会）改訂版刊行
平成 三	一二・二五	一九九一	『もう一つの明治維新—中沼了三と隠岐騒動—』刊行

参考書

著者	書名	発行年月日	発行所
保勲会・富岡政信	錦之御旗	M40・9・13	東陽堂
東久世通禧	竹亭回顧録　維新前後	M44・12・25	博文館
若槻礼次郎外	故正六位中沼了三恩典御詮議願書	T4・10・22	若槻礼次郎・東久世通敏外
明治神宮社務所	明治神宮宝物写真帖	T11・10・28	明治神宮社務所
西川太治郎	ながらのさくら	S2・11・25	京都日出新聞社
学習院	学習院史	S3・10・18	学習院
隠岐島誌編纂係	隠岐島誌	S8・2・10	島根県隠岐支庁
渡邉幾治郎	明治天皇と輔弼の人々	S11・10・21	千倉書房
大阪毎日新聞社京都支局	維新の史蹟	S14・6・1	星野書店
徳富猪一郎	明治天皇御宇史	S14・9・5	明治書院
谷口廻瀾	島根儒林伝	S15・9・30	谷口廻瀾先生還暦記念刊行会
福沢諭吉	学問のすゝめ	S17・12・21	岩波書店
横地満治	明治天皇侍講故贈正五位中沼了三先生御事蹟	S18・7・4	中村教育会
石井孝	明治維新の舞台裏	S35・3・5	岩波書店
文武館百年史編集委員会	文武館百年史	S38・11・3	十津川高校
中沼郁	葵園中沼了三（『素行』S39・6～12月号）	S39・6～12	素行会
井上清	日本の歴史（上・中・下）	S40・10・23	岩波書店
筑波常治	明治天皇	S42・9・10	角川書店
島根県教育委員会	明治百年島根の百傑	S43・10・23	島根県教育委員会
遠山茂樹	明治維新と現代	S43・11・20	岩波書店

著者	書名	発行年月日	発行所
宮内庁	明治天皇紀　第二	S44・3・31	吉川弘文館
毛利敏彦	大久保利通	S44・5・25	中央公論社
近藤啓吾	浅見絅斎の研究	S45・6・30	神道史学会
井上清	西郷隆盛（上・下）	S45・8・25	中央公論社
	日本庶民生活史料集成　第十三巻	S45・12・20	三一書房
判沢弘	〝優しい革命〟隠岐騒動（読売新聞S46・11・12～13掲載）	S46・11・12	読売新聞社
永海一正	近世隠岐島史の研究	S47・9・10	報光社
藤田新	隠岐騒動	S49	海城高校
大久保利謙	岩倉具視	S48・9・25	中央公論社
木村毅	明治天皇	S49・1・10	新人物往来社
藤田新	（続）隠岐騒動	S50・9・1	海城高校
高木俊輔	幕末の志士	S51・1・25	中央公論社
佐々木克	戊辰戦争	S52・1・25	中央公論社
田中彰	明治維新（日本の歴史二十四）	S51・2・10	小学館
鉅鹿敏子	県令籠手田安定	S51・4・20	中央公論事業出版
芝原拓自	世界史の中の明治維新	S52・5・20	岩波書店
紀田順一郎	開国の精神	S52・6・20	玉川大学出版部
	了三の手紙（二十通）		隠岐の島町図書館所蔵（中沼郁旧蔵）
	滋賀新聞（四回）	S3	滋賀新聞社
	隠岐郷土研究（各巻）		隠岐郷土研究会
	雑誌その他略		

了三と中村中学校校歌

校歌の作詞者は、島根県広瀬町出身の元文部省図書編集局長であり、「サクラ読本」の編集者として有名な井上赳《たけし》である。校歌の三番に「維新の文化春早み、寒梅清くさきがけし、大人《うし》の心を君知るや。中村、中村隠岐の島、中村、中村中学校」とある。「大人」とは了三のことで、維新の文化とは明治維新の文化のことである。

井上が、なぜ了三のことをいれたかというと、筆者は昭和八年「サクラ読本」発行以来のつきあいで、児童文学の権威者として尊敬していたので、筆者の郷里の校歌を作詞してもらいたいと思い、そのためには現地をみてもらうことが肝要だと考えたので、昭和二十四年（一九四九）八月に隠岐中村へ案内した。その時、筆者の宅へも案内し、了三のことを話したのでそれを校歌に収めてある。

作曲は、当時、日本で一流の作曲家小松耕輔《こうすけ》に井上が依頼してできたものである。井上を白島へ筆者とともに案内したのが森善勝（伊後）である。井上が昭和二十五年三月発行の「太郎花子読本」四年生の下巻に「夕焼雲」という文を書いているが、これは、中村にある白島の松島瀬戸に沈む真紅の大きな夕日が題材となったとのことである。

井上は、白島の舟遊びと、八月十五日の夜、中村の祭場で大々的な盆踊をみて、この印象は一生忘れられないと話していた。

中村小学校の校歌も井上赳の作であり、作曲は島根大学教授竹内尚一である。

執筆を終えて（初版）

ある人が「明治維新の舞台裏をみると、暗殺と、賄賂（まいない）と裏切りの三者が交錯して動いた時代であった。」といった。一例をあげれば、当時、吉田松陰を始め、横井小楠、坂本龍馬その他多くの若い理想主義の志士たちが暗殺されてこの世を去った。志士の解釈について源了圓《りょうえん》は、『徳川思想小史』の中に「彼ら（志士）のうちには智力に恵まれ、世界の大勢に通じて無謀な攘夷論の非をいち早く悟った人々と、必ずしもそうでなかった人々とあるが、いずれも気節慷慨《こうがい》の士であり、実践的・行動的人間であるという点において共通するものがあった。時代は彼らに読書家的知識人として静かに書斎にとどまることを許さなかったのである。」と書いているが、このことは了三を考える場合に参考になる言葉であった。

次に、明治以後、今次敗戦迄の明治維新史のとらえ方が、薩摩や長州など、明治政府の権力の座についた人々に片寄りすぎていて、その反面、権力の座から下されて去っていった人とか、一般民衆の問題等の分析がおろそかにされていた。それが今日、歴史を全体的視野からみるという歴史本来の研究が盛んになってきたので、書き終ってみてこの点も了三の研究にとって今後の課題を提供してくれるということを特に強く感じた。

即ち、新政府の立役者として、花々しく立ちまわった人の中には、政権欲が強く自ら政権の座につき、反対する者には何かと理由を付けて葬り去り、目的完遂のためには手の平を返すような策を常に用いた者もいる。

横地満治氏は『明治天皇侍講故贈正五位中沼了三先生御事蹟』の中に「一片耿々たる憂国の至誠の外、何等の欲望もなく野心もない。殊に金銭については、淡々水の如きものであって「児孫の為に美田を買はず」と言った西郷南洲と、一脈相通ずる心境であった。（中略）更にある人は先生をして今少しく名誉欲あらしめたならば、後年必ず授爵の恩命に浴せられたのであらうがと惜んだ者もある。」と述べている。

了三は、自説を曲げてまで権力の座につく道をとらなかった。あくまでも自己の信念を貫き通すために辞表を出して侍講職を去った。岩倉具視が仕官をすすめても応じない頑固さをもっていた。筆者が、益井哲郎に「了三は愚直な人だ」といったら、益井は、「頑愚の信という言葉がある。そういう人が今の世の中に必要ではないか」と。

了三は、「軽千乗之国、重一言之信」（千乗の国は軽く、一言の信は重し）という対幅の掛軸の書を残している。一言の信に生き抜いたところに了三の了三たる所以がある。（写真参照）

了三の評価は、人それぞれによって異なり、また、後世の人々によって位置付けられると思うが、筆者は了三の縁故者なるが故に、知性よりも情感に流されるという点のあることは十分承知している。ただ、なるべく客観性をもたせるために、努めて資料の原拠をのせることに力を注いだ。

以上が、本書を書き終えた筆者のまとめとして書きしるしたことを諒とせられたい。
この一書が、各家庭に具《そな》えられて、地球的時代を迎えた今日、しかも、今後二十一世紀を生きる郷里の若人たちが、生きがいある人生をおくるための道しるべの一助ともなれば幸である。

昭和五十一年三月

中沼　郁

あとがき（初版）

昭和五十年八月、中村の有志の方々から、中沼了三先生の顕彰について提唱があり、中沼了三先生の顕彰会が発足しました。会の顕彰事業の一つとして『中沼了三伝』を発行することができましたのは、この上もない喜びであります。

中沼了三先生の明治維新前後の活躍の舞台が、隠岐から遠い京都であったため、郷土ではあまり知られていません。いろいろな文献には、事績の記録があるでしょうが、だれもが、手軽に、みることができません。昭和四十年、中沼郁著『中沼了三伝』（島根青年新聞社発行）が刊行されましたが、今では入手が困難となりました。時の流れとともに、史料は残りにくくなるものです。顕彰会は、功績の顕彰と共に、後世に事績を伝えたいため伝記の刊行を企画した次第です。

この伝記は、郷土史家の史料となり、親と子が歴史について語る接点の資料となったり、青少年の奮起の資となれば幸いです。

この伝記の発刊にあたって、著者・中沼郁先生は、豊富な資料に基づき、顕彰会からの不明な意見をお聞き入れになり、熱情をかたむけて、著作して下さいました。御労作に対し、敬意を表し、厚くお礼申しあげます。そして本書の発行について、お忙しいのにもかゝわらず、終始、お世話下さいました隠岐島後教育委員会教育長高梨武彦先生に深く感謝いたします。

おわりに、本書の出版に当たって、校正の労をとっていただいた沢弘吉氏に対し、厚くお礼申しあげます。

昭和五十一年三月

中沼了三先生顕彰会

事務局長　田　中　実

改訂版を終えて

昭和五十一年五月、中沼了三先生顕彰事業の一つとして『中沼了三伝』を刊行しましたところ、県内外の読者の方々に、広く、その事績を知っていただき、事業の目的を果たすことができました。一方、顕彰碑の建立は、読者各位の御協賛により、昭和五十一年十一月三日の文化の日に盛大な除幕式を挙行することができました。目下、碑の周辺の整備を進めております。読者のみなさんに厚くお礼申しあげます。

『中沼了三伝』は、昭和五十一年五月、千部発行しましたが、全部なくなりました。その後、一般からの要望もあり、また、今後の読者のためにも考えて改訂版の発行を企画した次第です。

改訂版については、著者、中沼郁先生に初版に修正を加えて著述していただきました。改訂版の企画より数カ月、その間、著述、印刷所との交渉、校正等、一切を先生にお願いしました。その御労苦に対し、敬意を表するとともに厚くお礼申しあげます。

そして、初版、改訂版を通じて、顕彰事業に御協賛をいただき、献身的に伝記の印刷をして下さいました報光社に対し、深く感謝いたします。

昭和五十二年八月

中沼了三先生顕彰会

事務局長　田　中　実

中沼家に関する系図

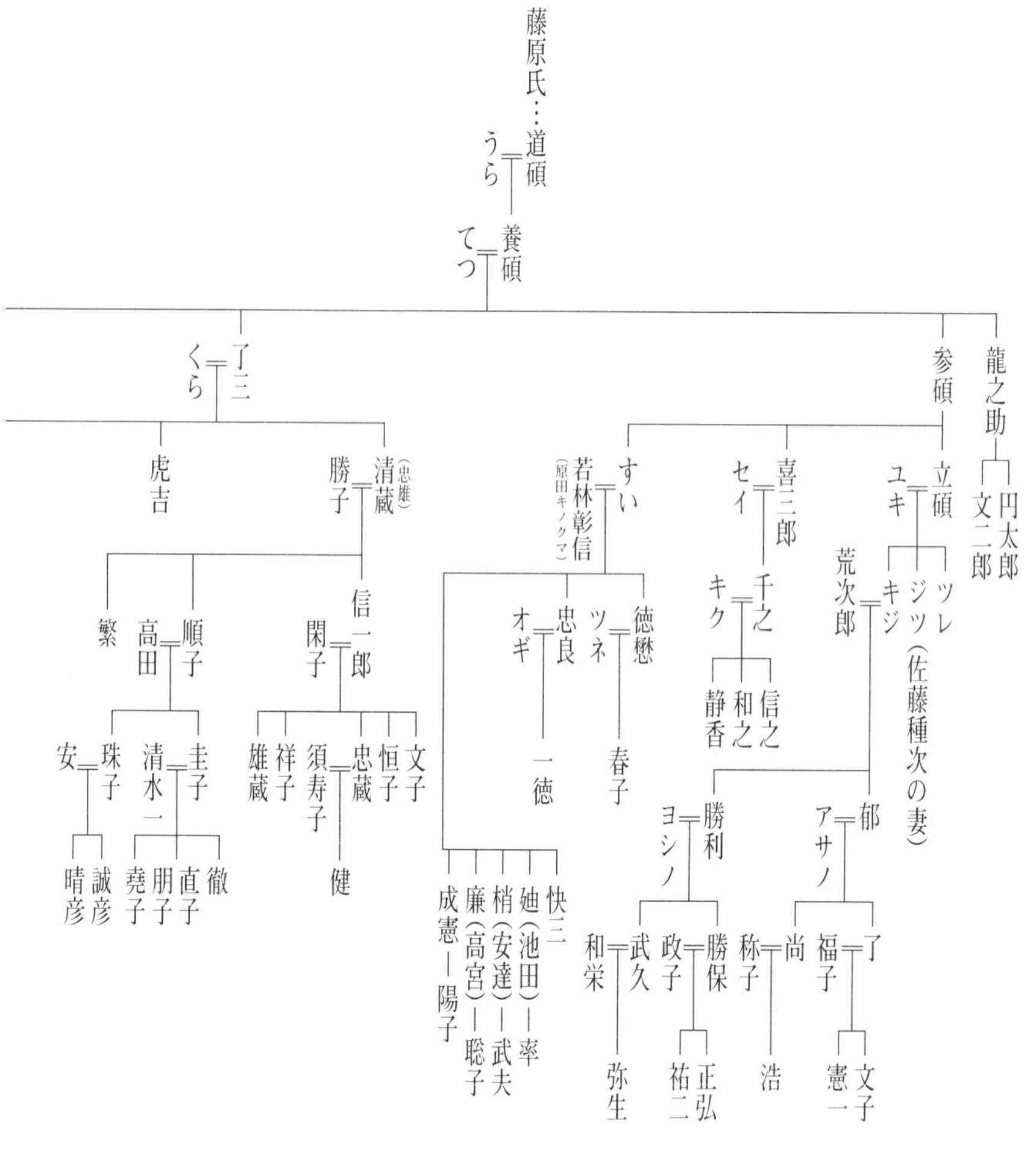

藤原氏…道碩
うら
養碩
てつ
龍之助
参碩
了三
くら
円太郎
文二郎
立碩
ユキ
喜三郎
セイ
すい
若林彰信
(原田キノクマ)
清蔵
(忠雄)
勝子
虎吉
ツレ
ジツ(佐藤種次の妻)
キジ
荒次郎
千之
キク
徳懋
ツネ
忠良
オギ
信一郎
閑子
順子
高田
繁
信之
和之
静香
春子
一徳
文子
恒子
忠蔵
須寿子
祥子
雄蔵
圭子
清水一
珠子
安
郁
アサノ
勝利
ヨシノ
快三
廸(池田)—率
梢(安達)—武夫
廉(高宮)—聡子
成憲—陽子
健
徹
直子
朋子
尭子
誠彦
晴彦
了
福子
尚
称子
勝保
政子
武久
和栄
文子
憲一
浩
正弘
祐二
弥生

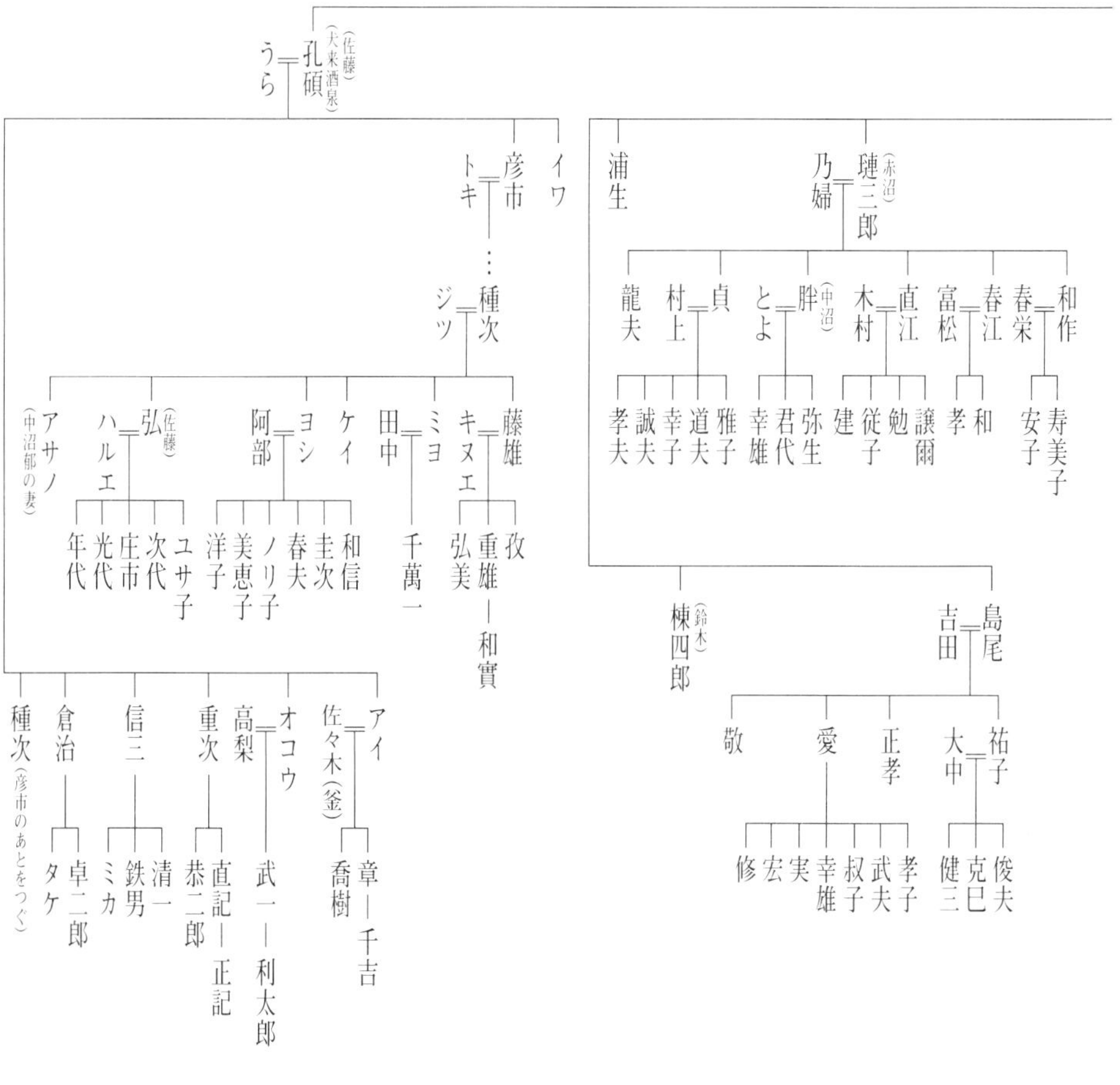
孔碩(佐藤)(大束酒泉)＝うら
イワ
彦市＝トキ
種次＝ジツ
藤雄＝キヌエ
孜
重雄―和實
弘美
ミヨ＝田中
千萬一
ケイ
ヨシ＝阿部
和信
圭次
春夫
ノリ子
美恵子
洋子
弘(佐藤)＝ハルエ
ユサ子
次代
庄市
光代
年代
アサノ(中沼郁の妻)
アイ＝佐々木(釜)
章―千吉
喬樹
オコウ＝高梨
武一―利太郎
重次
直記―正記
恭二郎
信三
清一
鉄男
ミカ
倉治
卓二郎
タケ
種次(彦市のあとをつぐ)
璉三郎(赤沼)＝乃婦
浦生
和作＝春栄
寿美子
安子
春江＝富松
和
孝
直江＝木村
譲爾
勉
従子
建
胖(中沼)＝とよ
弥生
君代
幸雄
貞＝村上
雅子
道夫
幸子
誠夫
孝夫
龍夫
島尾＝吉田
祐子＝大中
俊夫
克巳
健三
正孝
愛
孝子
武夫
叔子
幸雄
実
宏
修
敬
棟四郎(鈴木)

著者略歴

中沼《なかぬま》　郁《かおる》

明治三十六年一月十四日島根県周吉郡中村（現在の隠岐郡隠岐の島町中村）に生まれる
大正十四年三月島根県師範学校卒
昭和四年三月島根県師範学校専攻科卒
大正十四年四月より各地で教員勤務
　島根県師範学校訓導
島根県属兼視学（県・各地方事務所勤務）
八束郡―出雲郷小学校長、意東小学校長
松江市―第三中学校長（初代）
　　雑賀小学校長、母衣小学校長
昭和三十三年三月教職を退く
隠岐郡西郷町誌編さん委員
島根県教育百年史編集委員（常任委員）
日本赤十字社島根県支部嘱託
平成十五年二月八日逝去

著作

『日本教育百年史７』（共著　玉川大学出版部　昭和四十五年）
『郷土の偉人　中沼了三傳―隠岐の生んだ明治維新の先覚者』（島根青年新聞社　昭和四十年）
『明治天皇侍講　中沼了三傳―隠岐の生んだ明治維新の先覚者』（中沼了三先生顕彰会　昭和五十一年）
『隠岐の生んだ明治維新の先覚者　中沼了三　付隠岐騒動』（中沼了三先生顕彰会　昭和五十二年）
『隠岐国維新史―隠岐騒動の再評価』（共著　山陰中央新報社　昭和六十一年）
『もう一つの明治維新―中沼了三と隠岐騒動』（共著　創風社　平成三年）

第三部

中沼了三先生と十津川

松實　豊繁

中沼了三先生と十津川

一

私は昭和三十五年度卒業の十津川高校を母校とするが、三年間の在籍中、一度も中沼先生のことを学んだ記憶はない。まして高校付属の春風苑（文武館に赴任し病没した先生方やその家族を葬った墓地）の慰霊祭など、私は全く知らなかった。

社会教育主事として教育委員会に勤めたとき、偶々治村百年に当り、百年の村の歩みを年表で纏める担当者となったことが、中沼先生を知ることになった。そして一昨年（平成二十六年）十月に『十津川高等学校・文武館百五十年史』を刊行したとき、当然、私は学祖中沼先生から筆を起こした。文武館が孝明天皇の内勅によって始まったという根拠は、当時、幕末京都に滞在していた十津川郷士田中主馬蔵の日記が、唯一の史料となっている。主馬蔵は早くから中沼先生の門人だったようだ。彼が天誅組の乱に参加し、それが東吉野で壊滅した後、紀州藩での嫌疑も晴れ、上京して先生との交流も再会していた頃に文武館取立てがあったのだろう。

それは文久四年（元治元年・一八六四年）二月十六日の記録で、次のように記されている。

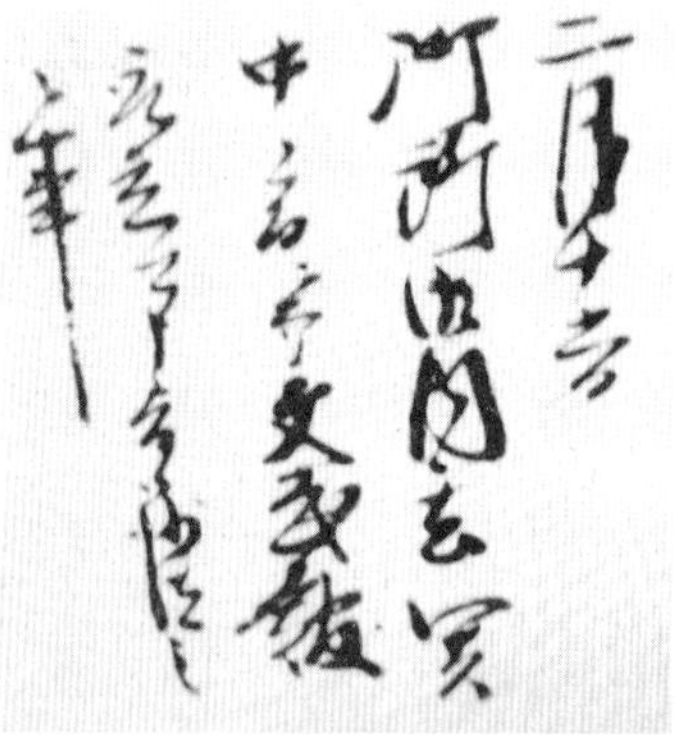

文武館取立の記事

御所御内玄関中ノ間ニ而文武館取立可申旨御沙汰之
御事

誰から誰に文武館取立ての沙汰が伝えられたか、日記では不明であるが、朝廷へ働きかけた人物は梅田雲濱や中沼先生、そして中川宮であろう。中沼先生は私塾をもつ一方、学習院の講師でもあり、学者として注目されていた。孝明天皇から十津川郷へ派遣された中沼先生は、同年の四月二十五日伏見を出発している。同行したのは十津川郷士吉田正義や吉村元右衛門・前岡覚五郎らである。一行は奈良街道を玉水・田原本・五條へとたどり、五條から熊野参詣道（通称西熊野街道）に入り辻堂・風屋を経て五月一日に折立村に到着している。奈良街道を利用したのは、中沼先生に出来るだけ疲労をかけまいとする郷士らの心遣いだろう。五月四日、折立村松雲寺を仮校舎として文武館は開館された。この式典の様子が伝えられていないのは残念であるが、『十津川記事』では、先生が「大学」の三綱領を講義したと述べている。生徒は各村ごとに一名を出した。郷は五十九ヶ村だったから五十九人の生徒と各村役や郷代表が参列して式典が行われ、式後、三綱領が講義されたのである。三綱領は「大学」の最初に書かれていて、金谷治氏の訳注（岩波文庫）でこれを見てみよう。

大学の道は、明徳を明らかにするに在り、民を親しましむるに在り、至善に止まるに在り。（書き下し文）

大学で学問の総仕上げとして学ぶべきことは、輝かしい徳を身につけて、それを〔世界にむけてさらに〕輝かせることであり、〔そうした実践を通して〕民衆が親しみ睦みあうようにすることであり、こうしていつも最高善の境地にふみ止まることである。（金谷氏の口語訳・〔　〕内は金谷氏の補足）

中沼先生は、人間にとって最も大切な明徳・親民（新民）・止至善《ししいぜん》について講義し、それは文武館新入生へのはなむけだったのであろう。先生は、この後熊野参詣道高野街道（小辺路）をたどって風雲急を告げる京都にもどった。

先生の愛書に『靖献遺言』がある。この書は山崎闇斎門下の浅見絅斎《けいさい》の著書で、中沼先生はこれを「一生手放さなかった」と『中沼了三』の著者中沼郁《かおる》氏は述べている。絅斎は「空言を以て義理を説くとも、人を感動することが薄い。寧ろ事蹟を擧げて讀む者をして奮起せしむに如《し》かない」と考え、書物を編纂しようとしたが、我国の歴史上の人物を取り上げた場合、反幕府的と政治判断され、迫害もしくは発行停止処分を受けるかもしれない、そこで中国の歴史上の忠臣烈士を取り上げ世に表した。絅斎の用意周到なはからいでこの書は世に出、幕末の勤王志士らを鼓舞したと言われる。『靖献遺言』は屈平（原）・諸葛亮（孔明）など忠臣八名の事蹟を記述している。この書物の最初に挙げられた屈平（屈原）は中国戦国時代の詩人・政治家で楚王の一族であった。懐王に仕えたが何度も讒言《ざんげん》にあい「遂に汨羅《べきら》の淵に赴き、石を懐きて自ら沈んで死せり」となった人物である。このような人物を描くことによって、忠義・正義などの生活信条を貫く生き方に、「人間とは、生きるとは」を問いかけた書物であった。(『靖獻遺言』は五弓安二郎著で昭和十三年九月岩波書店から発行されたものを参考とした)中沼郁氏は、その著書の中で「世は次第に欧米の文化が取り入れられ、新政府は思想上にも制度上にもその方向に流れ、日本の姿が次第に失われつつあるのをみて、感慨と憤りにたえなかった。了三は、日本の姿を核とした和魂洋才はよいけれども、日本の純粋さが失われることに対しては黙っていることができなかった。」と、先生の悲憤を述べている。実際、中沼先生が学問を通して持っていた思想はどんなものであったのだろうか、それは著作物がないため全く不明である。郁氏は、『中沼了三』の中で、「了三の考えを知るには、了三からの手紙と了三から直接話をきいた人の話によるしかない。(中略)何とかして「手紙集」として残したいものである。」と書いているが、これは何らかの理由で実現しなかった。後世の人々の仕事となっている。

二

ここで十津川屋敷について述べておこう。十津川郷は、山岳重畳、地形峻険で寺院は五十三、僧侶らは経済的理由から寺小屋を開いていたため郷人は読み書きがかなりできた。向学心の高い者は他国に赴き学問や武芸に勤しんだ。また郷内は里道が縦横に各集落を結び、更に里道は熊野高野街道・西熊野街道・大峯奥駈道と結ばれており、そしてこの三つの道は京都・大坂・和歌山などに通じていた。激動する幕末、歴史的に朝廷と関わりがある十津川郷は諸国の志士らに注目され、それを意識した郷士らは文久元年九月京都で借家住まいをして天下の動静を探る一方、朝廷との結びつきを強めていく。梅田雲濱や中沼先生が仲立ちとして中川宮に接近していく。文久三年（一八六三年）四月、「今般攘夷一決ノ御沙汰ニ付テハ十津川郷ノ儀ハ、古来御由緒ノ土地ニ付、何卒方今由緒復古ノ恩命ヲ拝シ、一郷戮力《りくりょく》以テ王事ニ尽力セント欲ス、伏テ願クハ微衷《びちゅう》ヲ聴容シ給ハランコトヲ」と上願し、中川宮から五月十日、「其郷中従往古勤王之志深重有之別而近来外夷之儀ニ付而モ誠忠之志情御感悦之至ニ思食候」と令書を受け、七月二十五日には「京師滞在之者ニ玄米五百石被下置候」となり、加えて郷章（徽号《きごう》）を輪中十字から菱十に変更するよう命を受けた。八月には寺町通三条下ルの円福寺を十津川郷屯所と定めて、郷士およそ二百名で御所守衛の任につくこととなる。屯所はこのあと諸所に移るが、十津川郷は御所に近い場所に屋敷を熱望し、元治元年十一月（一八六四年）に「新烏丸切通シ円満院宮所属ノ地（慈受院）」に待望の十津川屋敷を建設することとなり、慶応元年四月末（一八六五年）に新邸が完成する。十津川屋敷は御所守衛だけではなく、時代を反映して憂国の志士らが交流する場所ともなっていった。

三

『隠岐島誌』の文章を借用すれば、中西毅男《はたを》は上京して同郷の漢学者中沼先生の門に入り、

「偶《たまたま》十津川郷士の中沼に師事して、文武館を創設し、以て一郷の子弟を教養し、且つ中沼に頼つて縉紳《しんしん》に説き、終に禁衛軍となりて、常に闕下《けっか》に奉仕するを得るに至れるを見、以為《おもえ》らく隠岐島民も亦十津川郷士に倣《なら》ひ、皇室に忠誠を挺《せん》んずべき時なり」と考え、島に帰り加茂村庄屋井上甃介《しゅうすけ》に会い、「今や決して安逸を貪るの時に非ざるなり。宜しく急に文武を研究せざるべからず」と説き、「文武館を設立して斯道を磨礪《まれい》し、緩急に際して、邦家に殉すべき道を立つべき」と意気投合して同志を糾合して慶応三年五月（一八六七年）、島後の同志七十三人が連署して文武館設置の歎願を行うことになった。

これまで絶海の孤島隠岐島は松江藩の管轄にあった。島に駐在する藩兵らは放蕩遊惰に流れ、当然沿岸防備の意識も低かった。文久三年三月十九日（一八六三年）、農兵組織編制の命令があり、その総数は四百八十人であった。慶応二年七月二十二日（一八六六年）には新農兵三十人の新たな編成が命令されていた。

文武館設置の歎願書を受けた西郷陣屋の山郡宇右衛門は、「一揆徒党の行為」だと却下してしまう。錦織録蔵は、「文武研究は士格以上の為すべきところにして、汝等百姓の議すべきことにあらず。汝等は肥料を取扱ひて、御年貢の勘定を為さば足れり。武芸の修業は之れは為さずとも、汝等の恥辱にあらず。然るにかかる嘆願を為すは、汝等は此の国の大将たらんと欲するにあらずや」と悪口雑言をわめき散らしたという。文武館設置歎願書は三度出されたが、何れも下級役人の段階で潰されてしまう。身分制の社会とはいえ、あまりにも人間性をないがしろにした陣屋役人達に対して明治元年三月十九日（一八六八年）、三千人の島民が集結して「天朝御料と相成候間、早々此地御退去可被成候」と退去の申し入れを行い、この夜、山郡郡代に「屈服状」を作らせた。それは、「此度憂国同志中より被申出候件一々屈服仕則今日立退帰国仕候。以上。　三月十九日　山郡宇右衛門㊞」という内容で、二十日夕刻には郡代以下三十余人は西郷港を離れた。この際、同志中から船中の糧食として白米四斗入二俵と清酒二斗入一樽が積み込まれた。この事象を知った東京工大助教授判沢弘氏が昭和四十六年十一月十二、十三日読売新聞紙上に「〝優しい革命〟隠岐騒動」を執筆され、その中で同志らの行為を「はなむけ」ととらえ「何という優しさであろう」と述べている。彼がこのような考えを導き出したのは、隠岐島の流人の歴史や民俗にあったのだろう。小泉八雲著の『明治日本の面影』（講談社学術文庫）や飯嶋和一著『狗賓童子の島』（飯嶋和一著・小学館）にも、隠岐島には泥棒は存在せず、相互扶助の心が行き渡っていたとある。松本健一氏は、著書『開国のかたち』（岩波書店）の中で、「（十津川郷と）おなじく後醍醐天皇とのふかい関わりをもちつつも、海に直面して自力で郷土（パトリ）防衛を図らざるをえなかった隠岐島の島民のばあい、より多く、〝海上にある〟ことがナショナルな意識を醸成した。」と指摘しているのは妥当だと思う。

しかし、松江藩はこのままでは終らせなかった。五月九日家老乙部勘解由ら以下約四百名が来島、小銃・大砲などを持ち込み、翌十日松江藩は武力攻撃を行い、島側は死者十四名・負傷者八名・入牢十九名・被縛六名となった。これに対して同志らは暴力使用不可、無抵抗主義を貫いた。それは真に見事というしかなく、そこには元号も政治体制も変わったことから多少の楽観的な人間観もあったかもしれない。そこに人間信頼の精神があったように思う。

判沢弘氏が「思想の科学」（一九七一年・昭和四十八年十一月号）に〝「隠岐騒動」雑感〟という論文を寄せている、この中に中西毅男の『懐中日記』の一部が掲載されている。松江藩が反撃を行う一ヶ月以上前に隠岐島民が行った郡代追い出し事変を、上京して説明を行い、朝廷から有利な政治的判断を得たいと考え、中沼先生を頼り小浜港を目指して出航した。日記によれば四月一日（明治元年・一八六八年）「西郷港出航」、「二日沖合い漂泊」「三日、暮六ツ時、小浜港へ着、吹善方ニ一宿」「四日、大風雨」「五日少雨、巳ノ刻小浜出立、保坂ニ一宿」「七日、八ツ下刻京師綿善方へ着」し、八日には中沼先生に面会出来ている。このとき都では鳥羽伏見の戦いが終了した時期で、なお東北で戦が起こる気配が感じられていた。言わば新しい時代が生まれる流動的なときで、国政を取り仕切る人物が見え隠れし、誰に頼めば良いか甚だ難しいところがあった。この時も中西は十津川屋敷を訪れている。朝廷では孝明天皇が既に亡くなり、政界は急激に薩摩・長州・土佐などの藩が勢力を伸ばし、公卿達にも中沼先生の意思が通じない状態になっていた。

四

中沼先生は十津川郷士をどう見ていたのだろうか。司馬遼太郎氏は『十津川街道』の中で、次のような情景を描いている。安政五年（一八五八年）四月、病死した五條代官内藤の代理として近江の属官藤尾藤作が五條村に赴任した。恒例によって十津川郷からも代表者が祝賀

にきたが、その風姿（態度や容貌など）を見た藤尾はいたく感動して、

流れての世にたのもしきとふつ川
　人のこころも神ながらにて

という歌を残した。上京した郷士たちも全く同様で純朴そのものであっただろう。中沼先生もそういう十津川人を愛したのではないだろうか。司馬氏は、十津川郷士の気質を『古朴』という言葉で表している。大正十二年八月六日、当時の文武館館長浦武助先生が維新史料編纂局を訪れ、中沼先生の事蹟取調書を筆記された資料の中に次のような記述があった。（読点・ルビは筆者）

「十津川ノ士、了三ノ高風ヲ慕ヒ來リテ教ヲ請フ、了三大ニ其志ヲ賛シ陰《ひそか》ニ之ヲ指導シ、或ハ搢紳《しんしん》ノ間ニ奔走シ、或ハ雄藩ノ志士ニ謀リ百方周旋セシガ一郷遂ニ朝廷ノ直轄トナリ、禁闕《きんけつ》ノ守衛ヲ命セラレ、俸米《ほうまい》ヲ賜ヒ、郷士百餘名常ニ闕下ニ奉仕スルヲ得ルニ至レリ、此ニ於テ郷土ニ文武館ヲ創設シ京師ニ屯所ヲ置ク、而シテ諸藩ノ交際一郷ノ内務悉《ことごと》ク了三ノ裁決ヲ仰ゲリ、了三拮据《きっきょ》經營数年一日ノ如シ、十津川素ヨリ貧郷、内外ノ費途百端閪郷《こうごう》ノ家資ヲ竭《つく》スモ尚足ラズ、其辛苦名状スベカラズ、然レドモ意《こころ》ニ百難ヲ排シ其ノ素志《そし》ヲ貫キ維新ノ鴻業《こうぎょう》ニ参スルヲ得テ一異彩ヲ發ツニ至レリ」

中沼先生が郷士達に信頼を寄せたのは、彼等が命懸けで守衛に尽そうとしている姿勢をみて、あらゆる面で援助したことが分る。中沼先生は、そういう人であった。

五

次の史料は十津川村歴史民俗資料館から提供を受けたもので、郷中連合会議の文書である。中沼家に何事かが起こったようだが、その文書（依頼文）はまだ発見されていない。（解読者は和田冨士雄氏・原文中の読点は筆者）

本議之通リ

第十五条

一京師中沼家一昨年来、意外之災厄《さいやく》ニ掛リ今日御活計向困難ニ付、何分旧誼《きゅうぎ》ヲ以テ勘弁ニ預リ度旨、不日事務所江出頭可致旨、其向ヨリ通知之候、如何《いかが》取計可然乎

決

同人義、先年郷中之者、御在京之節ハ、不一方郷中ノ為ニ尽力被致候義モ有之候ニ付、施而断リ申義ニモ至リ兼不得止義ニ付、金百円丈ヶ差支ス事ニ一同申究メ置ク

正副戸長

并ニ

郷中村総代
明治十二年　　　惣連印
一月九日

次の文書は右の文書とは別の（郷中）村にあったものである。

第三条
一中沼家へ送與金之云々、金三百円貸与フル事

右の文書は臨時会議案、明治十二年二月十九日付（一八七九年）の十津川郷五十九村の連合会議のもので、中沼家の生活が相当逼迫していた時期のものである。中沼郁著『中沼了三』中の「了三の年譜」を参考にすると、順風満帆だったのは幕末のごく僅かの時期であって、維新後東京に移り明治二年一月明治天皇侍講となり、三月には昌平学校の一等教授となり順調な滑り出しと思えたが、三年十二月のこと、三条実美・徳大寺実則らと激論し、職務上の責任をとって辞表を提出する。四年三月（一八七一年）に彼は突然、御不審の廉《かど》によって鹿児島藩邸お預けとなり、何の取調もなく一ヶ月後、放免された。おそらく横井小楠の暗殺と岩倉具視が出勤途上銃で狙われた事件に中沼先生の門人が関わっていたからだろうか。この事件で彼は侍講をやめ、正六位の位も返上させられた。彼は、家族共々京都に引き揚げ

てしまう。この行動は、彼の潔癖な性格の表れであろう。そして私塾を開く。ところが、九年六月（一八七六年）に、またもや疑いをかけられる。このときは西郷隆盛との関係を疑われたらしい。

さて、ここで先にあげた二つの中沼先生に関する文書であるが、政府の要職を去ったが故に収入が絶え、かつての好《よしみ》を頼って郷に救援を依頼したものであろう。郷では議題の一つとして協議し工面をしたようだ。議会文書であること、また様々な考えを持つ者が存在することや公文であることから、敢えて厳しい言葉遣いとなったと思われる。中沼郁氏は、「了三にまつわる話」の中で、孫の順子の話として、「金銭のことについては全く我関せずで、一切父（長男清蔵）任せ、叔父（三男璉三郎）任せでした」と書いている。余談ではあるが、了三先生の娘島尾《しまお》（志ま尾）は、十津川郷士吉田正義の長男正進《まさのぶ》に嫁いでいる。

明治二十九年五月一日

病ヲ以テ京都東山浄土寺村ニ没ス

特旨ヲ以テ祭祀料金百円ヲ賜フ（以上維新史料編纂局）

中沼先生は京都東山安楽寺に奥様と共に眠っておられる。墓所は数年前に移動され、墓域は狭くなったが、先生に相

中沼了三先生ご夫妻の墓

応しい実に静謐な環境である。先生の葬儀に際し十津川村（明治二十三年より村となる）から喪主清蔵氏に送られた次のような文書が大阪市内の中学校長柳内良一氏から提供された。（読点筆者）

十津川郷人ハ本月一日中沼老先生の逝去相成タルヲ聞キ痛悼ノ情ニ堪ヘス、茲ニ先生カ維新前後国家ノ為メ我郷人ヲ教示誘掖セラレタル徳恩ヲ追想シ乍薄儀恭シク吊祭料金五十圓ヲ贈進ス、希クハ微意ヲ容レ之ヲ受納セラレンコトヲ

敬白

明治廿九年五月十一日

十津川村

助役　泉谷照明

村長　玉置明亮

令嗣中沼清蔵君貴下

同じく先生の葬儀について明治二十九年度歳入出追加総計予算（六月村会決議）には、次のように記されている。

號外第四

一金壹百円

内　譯

金五拾圓　中沼了三翁弔祭《ちょうさい》料
金五拾圓　仝上建碑寄附

なお了三先生の葬儀には、村からも縁ある人々が参列したことはいうまでもない。『十津川記事』では中沼先生の逝去について、次のように短く伝えている。

○五月一日、中沼了三翁京都真如堂寓居ニ於テ逝去、七日葬之、我村弔慰料金五十円ヲ
　贈ル（読点筆者）

最後に、先に引用した維新史料編纂局で文書を筆記された浦武助氏が校内誌『志道』（大正十二年十二月廿八日発行）に「中沼了三傳」を掲載されていたので、そのごく一部を引用して終りとする。

中沼了三先生が勅命を蒙り十津川に來りて文武館開館の式を擧げられ、次で其子清藏・高弟加藤謙次郎をして此に教授せしめられたる等、本館にとりて最大切なる恩師たるは勿論當時王事に勤勞せし我村の先輩は多く先生の指導を仰ぎ先生亦至誠誘掖せられたる實に十津川の大恩人なり、予本年三月偶京都に入り、始めて鹿谷の安樂寺に先生の墓に詣ずるを得、越て八月東京に遊び殿井先輩より先生の傳記寫本を借覧し、又維新史料編纂局に至

り局長柴田君の好意により國事鞅掌報效志士人名録を借覧し以て先生の傳記の梗概を知るを得たり（以下略・読点筆者）

松實豊繁（まつみ　とよしげ）

一九四一年、奈良県吉野郡十津川村生まれ。大学卒業後、十津川村内小中学校に勤務。一九八〇年から一九八八年まで派遣社会教育主事を勤め、以後、二〇〇〇年まで小中学校長を歴任。その間、『年表　十津川一〇〇年史』『林宏　十津川郷採訪録』（全五巻）などを刊行する。退職後、御所警護を行った十津川屋敷跡地を史料に基づいて発見するとともに、『明治十六年調　十津川郷村誌』を復刻発刊する。二〇一五年、十津川高等学校（文武館）創立百五十周年を記念した『十津川高等学校・文武館百五十年史』を出版。現在、『明治二十二年　吉野郡水災誌』（全十一巻）の現代訳と『十津川村史』の編纂に携わりつつ、十津川村教育委員、奈良県立十津川高等学校・文武館同窓会長、村史編纂副委員長を務める。

ご協力をいただいた方々（敬称略・順不同）

奈良県立十津川高等学校・文武館同窓会
奈良県立十津川高等学校
隠岐の島町図書館
隠岐郷土館
松實　豊繁
佐古　金一
小室　賢治
佐々木正人
藤原　時造

中沼了三伝《なかぬまりょうぞうでん》
—幕末《ばくまつ》から明治維新《めいじいしん》を駆《か》けた先覚者《せんかくしゃ》の生涯《しょうがい》

二〇一六年十一月一日　初版第一刷発行

著者　中沼《なかぬま》　郁《かおる》
編者　中沼了三先生顕彰会
発行　ハーベスト出版
〒六九〇—〇一三三
島根県松江市東長江町九〇二—五九
TEL　〇八五二—三六—九〇五九
FAX　〇八五二—三六—五八八九

定価はカバーに表示してあります。
落丁本、乱丁本はお取替えいたします。
Printed in Shimane, Japan
ISBN978-4-86456-214-0 C0023